Todos Podemos Hacer Algo

TODOS PODEMOS HACER ALGO

JASON JOHNSON

DIRECTOR NACIONAL DE COMPROMISO Y MOVILIZACION DE LA IGLESIA

CAFO — PURE RELIGION PROJECT

credo
house publishers

Publicado en Estados Unidos por Credo House Publishers, una
división de Credo Communications, LLC, Grand Rapids, Michigan
credohousepublishers.com

Para más información, visite JasonJohnsonBlog.com

ISBN: 978-1-62586-290-7

Diseño de LJM
Editor: Donna Huisjen

Impreso en EE.UU.
Segunda edición

INTRODUCCIÓN

Muchas iglesias en todo el país están dando pasos audaces, nobles y emocionantes para responder al llamado de Dios a cuidar de los huérfanos y los niños vulnerables de una manera sin precedentes. Es un momento histórico en la Iglesia, que las generaciones venideras sin duda reconocerán como un tiempo en el que Dios se movió poderosamente a través de su pueblo para presionar en un asunto que está cerca de su corazón. Es un tiempo emocionante, pero que también está lleno de muchas preguntas sobre qué hacer con un ministerio de niños huérfanos y vulnerables. Muchos tienen la pasión, están listos y deseosos de establecer estrategias planificadas, sistemas sostenibles y pasos siguientes realistas para su gente. La pregunta no es si deben hacerlo, sino cómo deben hacerlo.

El objetivo de este libro es el de responder a esa pregunta de manera que tenga raíces teológicas y que se pueda implementar en una variedad de diferentes tipos de iglesias. Ya sea una iglesia de 100 personas o una iglesia de 10.000, con un solo local o con docenas alrededor de la ciudad, de una iglesia rural o de una iglesia urbana, de una iglesia nueva o de una iglesia histórica del centro de la ciudad, la pregunta de cómo iniciar y dirigir este ministerio es prevalente y algunos principios clave son universales sin importar el contexto, la estructura, el ritmo o la cultura de la iglesia.

Este libro va dirigido a dos grupos de personas:
- Aquellos que están empezando a dar pasos para establecer un ministerio para huérfanos y niños vulnerables en su iglesia.
- Aquellos que buscan incorporar principios de movimiento, crecimiento y sostenibilidad en su ministerio para los huérfanos y niños vulnerables ya existente.

Todos Podemos Hacer Algo está escrito para el pastor, el miembro del personal de la iglesia o el voluntario fiel y con pasión que está tomando la iniciativa en este ministerio en su iglesia. No es un manual de prescripción que hable de cada situación y circunstancia única en cada iglesia - ningún libro puede hacer eso. Se trata más bien de un bosquejo de principios a explorar, estrategias a considerar y prácticas a implementar de una manera adaptable y contextual que encaje mejor dentro de la singularidad de su propia iglesia.

Este libro se lee con mayor eficacia en el contexto de una comunidad: un equipo de liderazgo ministerial existente o unas cuantas personas con pasión que deseen que se forme uno. Comprender la cultura de su iglesia y ser consciente de los valores, ritmos y procesos por los que se rige, será muy valioso a la hora de explorar los conceptos de este libro y considerar cómo pueden implementarse de forma más eficaz en su singular cultura. Algunas partes de este libro se podrán implementar directamente en su actual ministerio y otras no. Tendrá que discernir lo que es capaz de hacer ahora o en un futuro próximo y lo que podría ser necesario aplazar como parte de su estrategia ministerial a largo plazo.

Por último, sepa esto: dondequiera que usted se encuentre en este viaje y sea lo que sea que esté afrontando actualmente en su ministerio, su trabajo vale la pena y no está solo. Usted forma parte de un movimiento de personas que están involucrándose activamente en sus iglesias con el mensaje de que " todos podemos hacer algo" para cuidar de los niños vulnerables y de las familias en formas únicas y creativas.

¡Siga adelante! Vale la pena.
Ahora, empecemos.

CAPÍTULOS

1
CONSTRUIR UN LIDERAZGO SANO

La importancia de construir un equipo de liderazgo en las primeras etapas del ministerio no puede ser sobredimensionada. Ninguna persona, o pareja, puede llevar sola el peso del ministerio a largo plazo. Se requiere un equipo, ya sea formal o informal para conformarlo. Entre otras cosas, los beneficios de construir un equipo incluyen:

- Las tareas se distribuyen entre algunas personas, no se aíslan en uno o dos individuos para encargarse de todo. (responsabilidad)
- El crecimiento no depende de la capacidad de uno, sino de la energía colectiva de un equipo. (escalabilidad)
- El impacto a largo plazo del ministerio es compartido, no depende del aguante de uno solo. (sostenibilidad)
- Un ambiente sano de apoyo fomenta la creatividad, la pasión y el compromiso. (comunidad)
- Los dones únicos, las pasiones y las perspectivas de un equipo minimizan los prejuicios y promueven la creatividad. (diversidad)
- Un equipo de liderazgo comunica "a dónde ir y con quién hablar" para el resto de la iglesia. (claridad)

❓ ¿Qué otros beneficios de construir un equipo de liderazgo fuerte puede identificar?

❓ ¿Cómo ha experimentado usted algunos de estos beneficios en su equipo actual?

❓ ¿Qué cambios necesita hacer para maximizar estos beneficios a través de su equipo?

TRES ROLES CLAVE DE UN LÍDER

1. MULTIPLICADOR

En los primeros días del ministerio de Jesús, toda la actividad estaba centralizada en Él - Él predicaba, Él sanaba, Él hacía milagros, etc. Sin embargo, en un punto crítico de Su ministerio (Mateo 10), Él comenzó a descentralizar el trabajo al dar poder a Sus discípulos para hacer esas cosas. En esencia, Él se multiplicó a través de ellos, multiplicando así la difusión de Su ministerio.

> **" "** *Entonces llamó a sus doce discípulos y les dio autoridad sobre los espíritus inmundos para echarlos fuera, y para sanar toda enfermedad y toda dolencia. A estos doce los envió Jesús, dándoles instrucciones diciendo: "No vayan por los caminos de los gentiles ni entren en las ciudades de los samaritanos. Pero vayan, más bien, a las ovejas perdidas de la casa de Israel. Y cuando vayan, prediquen diciendo: 'El reino de los cielos se ha acercado'. Sanen enfermos, resuciten muertos, limpien leprosos, echen fuera demonios. De gracia han recibido; den de gracia.* -Mateo 10:1, 5-8

Un multiplicador no sólo le dice a la gente lo que hay que hacer, sino que le confía lo que hay que hacer. Entienden que si siguen haciéndolo todo, nadie más hará nada. Para un líder multiplicador, no es simplemente una cuestión de delegación; es una cuestión de discipulado: crear espacio para que las personas a) identifiquen sus dones únicos y b) los utilicen para el bien de todos (2 Corintios 12; Romanos 12).

2. VISIONARIO

Un visionario ve lo que aún no existe, pero lo comunica como si existiera. No sólo cree que ciertas cosas deberían suceder, sino que también muestra a la gente cómo pueden suceder. Un líder visionario no utiliza a los miembros de su equipo solo para cumplir una misión, sino que empodera a los miembros del equipo para que vivan su misión de la forma más plena.

No se trata de que le ayuden a hacer algo, sino de empoderarlos para que sean dueños de la visión y actúen sobre ella. Un líder visionario entiende que la visión es más grande que él y que solo puede cumplirse de forma verdadera, eficaz y sostenible mediante la colaboración de los demás.

3. CATALIZADOR

Nitrógeno + Hidrógeno = Nada. Sin embargo, Nitrógeno + Hidrógeno + Hierro = Amoníaco. Una vez introducido el Hierro en la ecuación N+H, se obtiene un resultado diferente. Curiosamente, cuando se analiza, el Amoniaco no presenta rastros de Hierro, sólo Nitrógeno e Hidrógeno. El hierro no aparece por ninguna parte. Esto se debe a que es un catalizador - tomando dos cosas y fusionándolas para producir un resultado que de otro modo no habrían sido capaces de producir por sí solas - y luego se quita de en medio. No es un ingrediente central del producto final. Su participación fue crucial y sus efectos aún son conocidos, pero su presencia continua no es esencial para el funcionamiento continuo y el éxito final del grupo.

Eso es lo que hace un líder catalizador.

En su libro, *The Starfish and the Spider* [traducido: La Estrella de Mar y La Araña], Ori Brafman y Rod Beckstrom ilustran el poder de los líderes catalizadores comparando dos películas icónicas.

> **❝❞** *En cierto modo, la diferencia entre los líderes tradicionales y los catalizadores es como la diferencia entre los personajes de Julie Andrews en La Novicia Rebelde y Mary Poppins. En La Novicia Rebelde, María entra en una familia disfuncional, enseña a los niños una valiosa lección, convence al padre de prestar atención a sus hijos y enseña a la familia a llevarse bien. Del mismo modo, Mary Poppins visita a una familia igualmente disfuncional (aunque con encanto), consigue que niños igualmente adorables se comporten, insta a padres igualmente despistados a que presten atención a sus hijos, encuentra formas igualmente eficaces de que todos se lleven bien y canta melodías igualmente pegadizas.*
>
> *Sin embargo, al final de La novicia rebelde, María, después de enamorarse de los niños y del padre, se queda. Es obvio que a partir de ahora será ella quien dirija el espectáculo. Mary Poppins, por otro lado, cumple su tarea y se va de Londres. No es que Mary Poppins tenga miedo al compromiso. Desde el principio, está claro que ha venido a hacer un trabajo. Su trabajo estará completo cuando la familia pueda prosperar por sí misma. Una vez logrado su objetivo, vuela con su paraguas hacia la puesta de sol.*
>
> *[A] dejar el rol de líder, el catalizador transfiere la propiedad y la responsabilidad al círculo. Sin Mary Poppins, la familia se responsabiliza de sí misma.*

Un líder catalizador crea ambientes en los que las ideas de los demás pueden florecer. Promueve la colaboración y la creatividad y empodera a los demás para hacer un trabajo más allá de lo que nunca imaginaron que podrían haber hecho. Como Jesús con sus discípulos, un catalizador enseña, modela, empodera y luego da un paso atrás y deja que el equipo se ponga en marcha.

Un líder catalizador crea ambientes en los que las ideas de los demás pueden florecer.

PREGUNTAS FRECUENTES SOBRE LA FORMACIÓN DE UN NUEVO EQUIPO DE LIDERAZGO

¿QUIÉN DEBE CONFORMAR EL EQUIPO?

Usted no está buscando expertos, sino personas con pasión que tengan la capacidad de aprovechar esa energía de forma estratégica para el bien de los demás. Una de las mejores cosas que puede hacer por el ministerio es proporcionar una dirección clara. Construya un equipo que tenga la habilidad de hacer eso - no de acuerdo a sus propios prejuicios o agenda, sino por el bien de aquellos en su iglesia a quienes Dios los está llamando a servir.

¿CUÁNTOS DEBEN CONFORMAR EL EQUIPO?

No hay un número mágico, pero un principio general es construir lento y pequeño. La eficacia de su equipo no viene determinada por la cantidad de voces en la mesa, sino por la calidad de cada una de ellas. Reúna a aquellos en los que se pueda confiar para que dirijan bien el desarrollo de la visión. Al principio podrían ser sólo unos pocos, y eso está bien. No hace falta que participen todos, sino sólo los adecuados por el bien de todos.

¿QUÉ DEBE HACER NUESTRO EQUIPO?

Ante todo, **oren**. Pídanle a Dios claridad, unidad, dirección y empoderamiento. Después, **sueñen** a lo grande. ¿Cuáles son sus grandes ideas? ¿Qué les gustaría que hiciera el ministerio? Ahora, **planifiquen** en pequeño. ¿Cuáles son las pocas cosas de mayor prioridad? ¿Qué cosas pueden implementarse ahora de forma realista y cuáles deben esperar? Su objetivo es la sostenibilidad, no la velocidad. Con el tiempo, estarán proyectando una visión, construyendo una infraestructura e implementando una estrategia, pero por ahora oren mucho, sueñen en grande y planifiquen en pequeño. Hablaremos de esas otras cosas más adelante.

PREGUNTAS A CONSIDERAR AL CONSTRUIR Y DIRIGIR UN EQUIPO MINISTERIAL

- Es importante que un equipo de liderazgo esté claramente definido. Ahora mismo, ¿quién es ese equipo para su ministerio? ¿Quién le gustaría que fuera?

- ¿Qué objetivos tiene para el ministerio que las personas mencionadas anteriormente puedan ayudar a proyectar la visión e implementar la estrategia?

- ¿Cuáles son las tres cosas que cree que el equipo está haciendo bien actualmente? ¿Qué tres cosas cree que el equipo podría mejorar?

- ¿Qué hará de manera diferente en los próximos 3 a 6 meses para mejorar en esas áreas que necesitan crecimiento?

¿CÓMO ABORDAR A LOS LÍDERES DE MI IGLESIA?

Usted tiene una gran visión para un gran propósito y quiere conseguir el apoyo del personal de su iglesia/liderazgo pastoral. ¿Y ahora qué? ¿Cuál es la mejor manera de abordarlos? Considere los siguientes principios y prácticas:

ESTABLECER UNA PRUEBA DEL CONCEPTO

Usted no es la única persona de la iglesia a la que le apasiona un área concreta del ministerio. Tampoco es la única persona de la iglesia que pide a sus líderes que dediquen tiempo y energía a un área concreta del ministerio. Cuanto más pueda demostrar cuánto el ministerio ya está trabajando y funcionando, mejor. Proporciona la "prueba" de que el trabajo ya se está haciendo con eficacia y está satisfaciendo una necesidad crucial para las personas de la iglesia.

PRESENTAR UN PLAN ESTRATÉGICO

Este ministerio es muy emotivo y lleno de personas profundamente apasionadas que trabajan a diario en las trincheras de acogimiento familiar y la adopción. Si no tenemos cuidado, nuestra emoción y pasión pueden nublar nuestra capacidad de pensar metódica y estratégicamente. Los líderes de la iglesia buscan planes razonables y viables sobre la mejor manera de ejecutar un ministerio de forma que sirva mejor al cuerpo. Esfuércese por presentar un plan que aproveche la pasión de forma estratégica y útil.

NO PERDER DE VISTA EL PANORAMA GENERAL

Las iglesias son complejas, tienen muchas partes diferentes que se mueven tirando hacia muchas direcciones diferentes. A menudo, cuando a los pastores se les "proponen" grandes ideas, se sienten atraídos en otra dirección. Sea consciente y respetuoso del hecho de que los líderes de la iglesia están continuamente sopesando una serie de cosas diferentes. Cuando dicen: "Esto es sólo otra cosa", tal vez no lo dicen en sentido negativo, simplemente le están pidiendo que considere el panorama general.

CAMBIAR SUS SUPOSICIONES

Si usted asume que los líderes de su iglesia no se preocupan por este ministerio, ponga la carga en ellos para que se preocupen y la carga en usted para convencerlos de que se preocupen. Sin embargo, si asume que sí les importa, pero que simplemente no saben cómo hacerlo, pone en usted la carga de ayudarles a saber cómo hacerlo. A menudo, entrar con una suposición errónea genera un enfoque equivocado. En su libro "Switch" [traducido: Cambia], Chip y Dan Heath sugieren que lo que "a veces parece resistencia suele ser sólo falta de claridad". En otras palabras, puede que su pastor no se resista, sino que simplemente necesite un poco más de claridad sobre cómo atenderle. Empiece por dar la vuelta al guión de sus suposiciones y vea lo que ocurre. Puede que se sorprenda.

CÓMO AYUDAR A ENTENDER A UN LÍDER DE LA IGLESIA QUE NO "LO ENTIENDE"

Este sentimiento es común: "Realmente queremos que esto sea parte de nuestra iglesia, pero nuestro pastor simplemente no lo entiende". ¿Es esa su realidad actual? Una cosa que debe saber es que no está solo. Otra es que hay esperanza. Antes de que se vaya a otra iglesia, o intente forzar agresivamente el asunto o simplemente pierda la esperanza y se rinda, aquí tiene cinco formas alternativas de responder al problema de "mi pastor no lo entiende".

SEA UNA PERSONA QUE ORA
Su responsabilidad es orar por un movimiento, no impulsar una agenda. Ore por el corazón de su pastor, para que Dios lo mueva de nuevas maneras hacia la difícil situación de los niños en crisis.

SEA UNA PERSONA FIEL
Demuestre la necesidad de este ministerio a su pastor y a su iglesia a través de sus acciones, no sólo de sus palabras. Continúe siendo obediente al llamado que Dios ha puesto en su corazón y sea fiel para cumplirlo. En otras palabras, predique con el ejemplo.

SEA UNA PERSONA HUMILDE
No intente implementar algo bueno en su iglesia señalando todo lo malo que hay en ella. Comunique con sus palabras y acciones que está comprometido a servir a la visión y misión de su iglesia - tanto en público como en privado.

SEA UNA PERSONA QUE AYUDA
No use su información sobre este ministerio como munición contra su pastor, sino como estímulo para su pastor. Comparta buenos libros, maneras prácticas de involucrarse y oportunidades de conectarse con otros pastores/líderes que comparten el mismo corazón por esto.

SEA UNA PERSONA PACIENTE
No espere que las cosas cambien de la noche a la mañana. Haga lo que pueda con lo que tenga hoy y luego haga lo que pueda

mañana con lo que tenga mañana. Al final, estos niños merecen el largo y duro trabajo que le pueda demandar.

Para profundizar más, vea esta charla de 9 minutos sobre "Cómo Manejar A Un Líder de La Iglesia que No "Lo Entiende"". (Enlace Directo: https://vimeo.com/126966037)

¿SUFRE USTED DE LA MALDICIÓN DEL CONOCIMIENTO?

A veces no recordamos lo que es no saber algo. Por ejemplo, yo sería un pésimo maestro de jardín de niños. ¿Por qué? Porque 1+1=2, ¡y no sé por qué es tan difícil de entender!

Por supuesto, estoy bromeando, más o menos, pero es un buen ejemplo de la maldición del conocimiento: cuando sabemos algo y olvidamos lo que es no saberlo. Tenemos problemas para ponernos en el estado mental de la otra persona. Lo que a nosotros nos parece tan sencillo tal vez no lo parezca tanto a otra persona. Todos somos culpables de ello a veces, y todos hemos sido víctimas de ello también, tal vez al hablar con un médico, un ingeniero o cualquier otro experto en el campo. Utilizan palabras e ilustraciones que no tienen sentido para el laico. Ellos sufren la maldición.

En un famoso experimento psicológico, se dividió a un grupo de sujetos en dos: los que daban golpecitos y los oyentes. A los oyentes se les dio una serie de canciones conocidas (por ejemplo, Cumpleaños Feliz, El himno de los Estados Unidos, María tenía un corderito, etc.) para que las escucharan con audífonos y se les pidió que golpearan rítmicamente las canciones sobre una mesa, mientras que a los oyentes se les pidió que escucharan y descubrieran qué canciones estaban golpeando los oyentes.

Los que daban los golpecitos estaban seguros al 50% de que los oyentes serían capaces de identificar las canciones que iban a tocar, pero los resultados del experimento fueron sorprendentes: ¡sólo el 2.5% de las canciones fueron identificadas correctamente por los oyentes! En otras palabras: ¡los que daban los golpecitos sobrestimaron mucho sus habilidades!

El problema es que a los que daban los golpecitos se les ha dado el conocimiento: oyen la canción en su cabeza. Les resulta imposible no oírla y, por lo tanto, es increíblemente difícil ponerse en el estado mental de sus oyentes. Hay una melodía sonando en su cabeza que sus oyentes no pueden oír.

Cuando sufrimos la maldición del conocimiento, somos como los que daban golpecitos: oímos la canción del acogimiento familiar, la adopción y el cuidado de huérfanos alto y claro en nuestras cabezas. ¿Cómo no hacerlo? Muchos de nosotros comemos, respiramos ydormimos con esa canción palpitando en todas las partes de lo que somos y de lo que ha hecho de nuestra familia. ¿Por qué no iban a oírla los demás como nosotros? Así que pensamos que tal vez si golpeáramos lo suficientemente fuerte y con el volumen adecuado, lo harían. ¿Puede ver adónde voy con esto?

Si no tiene cuidado, la canción de acogimiento familiar, adopción y cuidado de huérfanos que canta puede empezar a sonar como nada más que un golpeteo incesante en los oídos de su pastor. Esto no quiere decir que deba dejar de cantar la canción. Sólo significa que dar golpecitos más fuertes y con más volumen no ayuda. En realidad, sólo hace daño y el resultado es la frustración: usted no entenderá por qué sus líderes no "lo entienden" y ellos no entenderán por qué usted no deja de darles golpecitos.

El único remedio a la maldición del conocimiento es transformar su forma de comunicarse. No golpeando más fuerte y con más volumen, sino poniéndose en el estado mental de su oyente y buscando la forma de ayudarle a que empiece a aprender la canción por sí mismo — palabra por palabra, nota por nota, línea por línea. Para que al final, por la gracia de Dios, puedan empezar a cantarla por sí mismos algún día.

Como padre, constantemente recuerdo que tengo que adaptar mi lenguaje al contexto de forma habitual.
Tengo que hablar a mi hija de 6 años de forma diferente a como lo hago con mi hija de 8 años, y a la vez de forma diferente a como lo hago con mis hijas de 10 y 12 años. Si le hablo a mi hija de 6 años en los mismos términos que a la de 12, me mirará confusa y eventualmente se irá. Por supuesto que quiero que la capacidad de comprensión y comunicación de mi hija de 6 años crezca y se desarrolle, pero tengo que aprender a comunicarme con ella donde está ahora para ayudarla a crecer hacia donde necesita estar algún día.

Haga una evaluación honesta de todas las formas en que potencialmente sufre de la "maldición". Agradezca a Dios por haberle dado esta hermosa canción para cantar, y pídale la sabiduría y la paciencia necesaria para ayudar a otros a empezar a cantarla también. Gracias a su fiel perseverancia, ¡sin duda lo harán!

2

REUNIR A LOS INTERESADOS E INVOLUCRADOS

ALLANAR EL CAMINO

Se ha sugerido que cuando los promotores estaban construyendo el campus de La Universidad de California en Irvine, construyeron todos los edificios, pero no instalaron aceras hasta el año siguiente. Estaban probando la teoría del "camino de menor resistencia" o la teoría de la "línea deseada" — la idea de que la gente encuentra de forma natural el camino más corto, más fácil y más deseado entre el punto A y el punto B. Todos lo hemos visto — un sendero cortado en un campo por el que la gente ha creado de forma natural un camino para caminar a través de él. Esa es la "línea deseada", el camino de menor resistencia hacia el otro lado del campo.

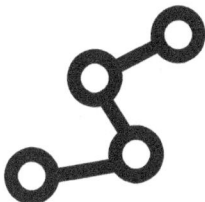

Al año siguiente, la UCI identificó los lugares en los que los estudiantes habían trazado caminos de forma natural entre los edificios y construyó aceras sobre ellos. En esencia, "allanaron los caminos" — identificando dónde los estudiantes ya estaban caminando y colocando allí unos cimientos sólidos.

Antes de empezar a poner los cimientos del ministerio, quizás lo mejor que puede hacer es identificar por dónde ya están caminando las personas de su iglesia — y poner ahí algunos cimientos. Primero la comunidad, luego el ministerio. Antes de decirle a nuestra gente lo que vamos a hacer, averigüemos primero lo que ya están haciendo, y luego encontremos maneras de servirles y apoyarles en ello. Las prácticas ministeriales fluirán de forma natural e inevitablemente de entornos en los que los interesados y los ya involucrados estén conectados en la comunidad y animados a caminar juntos por los caminos que Dios ya ha allanado para ellos.

Pregunta: ¿Cuándo fue la última vez que se invitó a las personas de su iglesia que han acogido o adoptado o que lo están haciendo a conectarse entre sí, sólo con ellos? Si la respuesta es nunca, o no recientemente, empiece por ahí. Construya una comunidad primero con las personas que ya están caminando por el camino. Hágales saber que no están solos, que está ahí para apoyarles y descubrir oportunidades de ministerio que nacerán de manera natural e inevitablemente de un profundo sentido de comunidad.

CREAR CÍRCULOS MÁS PEQUEÑOS

Este sencillo gráfico es una imagen de lo que podría parecer cuando se involucra a la congregación de su iglesia (círculo más grande) y se reúne a los interesados y ya involucrados en círculos más pequeños de la comunidad (círculo más pequeño).

Cualquier pasión que una vez estuvo aislada dentro de cada uno de ellos individualmente tiene ahora la oportunidad de arder colectivamente juntos - mejor, más grande y más brillante. Pídale a Dios que siga poniendo leña a su alrededor. Vea qué pasa.

SUGERENCIAS PARA INVOLUCRAR A LA GENTE EN LA COMUNIDAD:

- Invítelos a un evento social: una parrillada, un día de familia en el parque, etc. Organice un almuerzo informativo después de la iglesia. Comparta historias, proyecte una visión y conéctese.

- Forme un grupo pequeño donde leerán un libro o caminarán juntos a través de un estudio sobre el tema del corazón de Dios por el huérfano.

- Busque conferencias, talleres o foros locales y nacionales sobre el cuidado de huérfanos y lleve a un grupo de la iglesia con usted.

- Simplemente reúnase individualmente con personas que compartan un corazón similar al suyo.

Estos son sólo algunos ejemplos de las infinitas cantidades de oportunidades que tiene para comenzar a conectar a la gente en comunidad en torno al corazón de Dios por los huérfanos y vulnerables. ¡Sea creativo!

PLANIFICAR UN EVENTO "PUENTE"

Los eventos "puente" no son reuniones ni pequeñas ni grandes que crean un camino para que la gente pase de la multitud (la congregación) a la comunidad. Es un camino importante para establecer, ya que muchas personas pueden encontrar ese viaje desalentador.

Puede ser intimidante pasar de un lugar de anonimato en un servicio de la iglesia, por ejemplo, a un lugar de intimidad con personas que no conozca muy bien. Es un salto bastante grande, y por eso son importantes los eventos puente.

Como ya hemos hablado, hay poder en reunir en la misma habitación a personas que comparten una pasión similar. Toma individuos y los convierte en comunidad — un lugar donde pueden encontrar apoyo, ánimo y claridad a lo largo de su viaje. También ayuda a crear una cantidad crítica de personas para el crecimiento del ministerio. Si puede reunir a 10, 20, 50 o 100 personas en una sala en torno a una causa común, eso dice mucho a los asistentes. — "¡No estamos solos en esto!" — y a los líderes que supervisan: "¡La gente se está involucrando!"

CÓMO PROMOCIONAR UN EVENTO PUENTE

En términos generales, debería permitir aproximadamente un mes para promocionar su evento puente. El escenario más ideal es cuando toda la iglesia está atenta a un sermón o anuncio o video promocional, etc., y luego el evento puente es el elemento de acción de seguimiento claro y simple - "En respuesta a lo de hoy, inscríbanse en este evento."

Es importante que no sólo anuncie el evento puente una vez, sino que continúe anunciándolo todas las semanas previas al evento de diversas maneras, es decir, anuncio en el escenario, tarjetas / volantes/boletines, anuncio en el sitio web, correos electrónicos, invitaciones personales, etc. Cada iglesia decide promocionar los eventos clave de diferentes maneras. Averigüe cómo lo hace su iglesia y aproveche todas las que pueda cada semana antes del evento.

El siguiente cuadro es un ejemplo de lo que podría ser su estrategia de promoción:

UN MES COMPLETO DE PROMOCIÓN

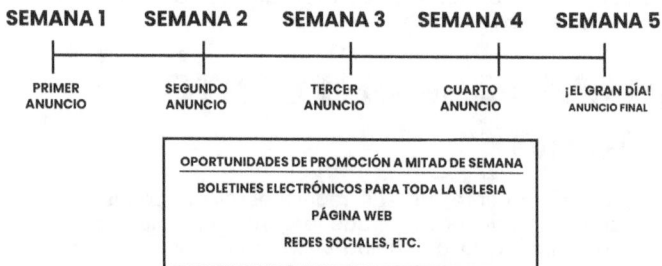

SEMANA 1	SEMANA 2	SEMANA 3	SEMANA 4	SEMANA 5
PRIMER ANUNCIO	SEGUNDO ANUNCIO	TERCER ANUNCIO	CUARTO ANUNCIO	¡EL GRAN DÍA! ANUNCIO FINAL

> OPORTUNIDADES DE PROMOCIÓN A MITAD DE SEMANA
> BOLETINES ELECTRÓNICOS PARA TODA LA IGLESIA
> PÁGINA WEB
> REDES SOCIALES, ETC.

Para muchos líderes de las iglesias, los anuncios son el "talón de Aquiles" de sus servicios dominicales — ¿cuándo es el mejor momento para hacerlos, cómo, y si la gente realmente escucha? Pero tal vez no tienen que ser tan malos. Con algunos cambios sencillos y un poco de estrategia detrás de ellos, los anuncios pueden convertirse en uno de los componentes más impactantes de sus cultos. Sea estratégico en la forma de anunciar su evento puente. Considere la posibilidad de " darle" a la gente las siguientes cinco cosas para ampliar la eficacia de su comunicación y maximizar el impacto de su evento.

DARLE A LA GENTE...

ALGO QUE MIRAR:
Algunas personas aprenden auditivamente, muchas otras aprenden visualmente. Considera la realidad de que en un servicio de la iglesia promedio tiene una variedad de diferentes tipos de personas que procesan y retienen la información de manera diferente. Una persona puede necesitar simplemente oír el anuncio; otra puede necesitar "verlo". Esto puede lograrse fácilmente a través de una diapositiva bien diseñada en la pantalla que se proyecta mientras se hace el anuncio. Muy útil.

ALGÚN LUGAR DONDE IR:
Es tan sencillo como: "Estamos organizando un almuerzo, y si tiene alguna pregunta estaremos en la mesa informativa en el pasillo después del servicio". O, "Estamos organizando una reunión y hay más información en el sitio web".

Ahora han escuchado un anuncio sobre su evento puente, pero también se les ha dicho a dónde pueden ir para obtener más información al respecto. Muy útil.

ALGO A LO QUE AFERRARSE:
No sólo le dé a la gente algo que escuchar, sino también algo a lo que aferrarse y que les recuerde lo que han oído. Puede ser una

propaganda en el boletín o una tarjeta en sus asientos. Al darles algo tangible, prolonga la vida de su anuncio: lo han oído una vez ese día, pero ahora lo recordarán durante toda la semana cada vez que vean lo que les ha dado. Muy útil.

ALGUIEN CON QUIÉN HABLAR:

Los anuncios, los eventos y la programación a menudo pueden parecer muy logísticos y organizativos; razón de más para ayudar a que sea personal y relacional para la gente. Puede ser tan sencillo como: "Estamos organizando un almuerzo, y si tienen alguna pregunta pueden hablar con Sue Smith en la mesa de información o enviarle un correo electrónico a sue@suesmith.com". Les ha dado una persona real con quién conectarse. Muy útil.

ALGO EN LO QUE INSCRIBIRSE:

El objetivo de todo esto es conseguir que la gente asista a su evento puente, por lo que nunca debe anunciar ningún detalle del evento sin tener una oportunidad para que la gente se inscriba inmediatamente. Puede ser una parte del boletín, en la tarjeta que dejó en sus asientos, en una mesa informativa en el pasillo después del servicio o un formulario en línea - ¡o todo lo anterior! Al dar a la gente alguna forma fácil e inmediata de inscribirse en el evento, aumentan las posibilidades de captarlos en el momento y la probabilidad de que asistan. Muy útil.

A lo largo de las 4 o 5 semanas en que está anunciando el evento, siga reforzando estos cinco puntos críticos de conexión. En otras palabras, antes de informar a todos los miembros de su iglesia sobre el evento y cómo pueden involucrarse, asegúrese de que existen los mecanismos apropiados para que realmente lo hagan.

¿QUÉ PASA SI NO TENGO EL ESCENARIO?

Incluso si no puede anunciar el evento en toda la iglesia, todavía es imperativo tener un plan de promoción en marcha, y trabajar en el plan con la mayor diligencia posible. Lo más probable es que dependa de invitaciones personales, correos electrónicos, publicaciones en las redes sociales, reparto de postales u otros métodos de promoción menos convencionales.

¿Hay otros lugares en la iglesia a los que podría acceder para ayudar a correr la voz? ¿Qué tal mandar una nota a casa con cada niño del ministerio de niños? ¿Una pequeña nota en el boletín semanal o en el boletín de la iglesia? ¿Algunas publicaciones en la página principal de Facebook de la iglesia?

Sea creativo. Identifique algunas plataformas clave que pueda utilizar para promocionar su evento puente, desarrolle un plan y cúmplalo con diligencia. Al final, a veces la información más oculta, viral y de boca a boca se convierte en la forma más poderosa de comunicación.

¿CUÁL ES EL MEJOR EVENTO PUENTE PARA PLANIFICAR?

Si bien hemos sugerido una variedad de cosas diferentes que podría hacer para su evento puente - una reunión informativa, una reunión social, un almuerzo, etc. - queremos sugerir firmemente que, si bien cualquier cosa que haga para conectar a las personas entre sí será beneficiosa, hay una que parece ser la más impactante: un almuerzo después del servicio dominical.

¿Por qué tiene tanto impacto un almuerzo? Aquí tienes algunas razones:

- Comida gratis. No hace falta dar explicaciones.

- Una vez que se van es mucho más difícil recuperarlos. Aproveche que la gente ya está en la iglesia esa mañana. (Esta regla se aplica incluso a las iglesias que sólo tienen servicios vespertinos: reemplace "almuerzo" por "cena" o "café y postres").

- Se puede ofrecer servicio de cuidado de niños. Tanto si se reúnen en su propio edificio como si utilizan unas instalaciones alquiladas, lo más probable es que dispongan de aulas para niños instaladas en el campus. Reclute voluntarios (o pague a cuidadores de niños profesionales) para que se encarguen de las aulas, de modo que los padres puedan asistir al almuerzo y saber que sus hijos están vigilados y alimentados.

- Compartir una comida es una forma natural de compañerismo. En lugar de sentar a la gente en filas de sillas para una "reunión", pueden sentarse juntos en círculos en las mesas para comer, conectar y llegar a conocerse unos a otros.

Por razones como éstas, le sugerimos encarecidamente que organice un almuerzo (o alguna variante de éste) para su evento puente. Ayuda a eliminar las barreras para la concurrencia (comida gratuita, cuidado de niños gratuito, inmediatamente después de la iglesia) y crea un ambiente relajado y acogedor para que la gente se conecte y se anime a dar los siguientes pasos.

CUATRO COSAS PARA HACER EN UN EVENTO PUENTE

El objetivo de su evento puente es ayudar a la gente a sentirse conectada, inspirada e informada. En promedio, dispondrán de entre 60 y 90 minutos para reunirse en un almuerzo. De todas las cosas que puede hacer durante ese tiempo, aquí tiene cuatro cosas estratégicas y esenciales que DEBE hacer:

COMPARTIR HISTORIAS

Reserve el tiempo que sea necesario para que las personas puedan presentarse. Pueden responder algunas preguntas sencillas para compartir con el resto de la sala o en grupos pequeños de sus mesas: ¿Quién es? ¿Es Casado? ¿Desde cuándo? ¿Tiene hijos? ¿Cuántos? — ¿Por qué está hoy en este almuerzo? ¿Cuál ha sido su participación en la adopción o acogimiento familiar?

PRESENTAR A LOS LÍDERES

En términos generales, cuando la gente no sabe a dónde ir o con quién hablar de algo, no irá a ningún sitio ni hablará con nadie sobre ello. Es importante que aproveche el evento puente para presentar a los líderes de su ministerio. Podría ser una persona clave o un equipo ministerial completo. En cualquier caso, al presentar a los líderes ante el grupo, responderá dos preguntas muy importantes para la gente: ¿a dónde puedo ir y con quién puedo hablar? Ahora ya lo saben.

PROYECTAR LA VISIÓN

La visión es pintar una imagen para los demás de cómo es el futuro de una manera tangible y concreta. Es importante que responda tres preguntas fundamentales al compartir la visión de su ministerio: 1) ¿Por qué estamos haciendo esto? 2) ¿Cómo vamos a hacerlo? 3) ¿Qué vamos a hacer?

DEFINIR LOS PRÓXIMOS PASOS

Es necesario pasar tiempo durante un evento puente informando a los participantes sobre lo que esperan que suceda después de que el evento puente termine. Deben salir de la sala con una comprensión muy clara de lo que vendrá después, cuándo viene, dónde viene y por qué viene. Cuando aumenta la claridad reduce la ansiedad y la incertidumbre. El objetivo es que la gente se vaya con un plan claro y práctico.

PREGUNTAS PARA TENER EN CUENTA AL REUNIR A LOS INTERESADOS E INVOLUCRADOS

- ¿De qué manera está valorando el rol de la comunidad en su ministerio — no sólo en teoría, sino en la práctica? Nombre algunos ejemplos reales y actuales.

❷ ¿De qué manera su ministerio está "allanando el camino", respondiendo específicamente a las necesidades de quienes se encuentran en el proceso de acogimiento familiar o adopción?

❷ ¿Qué cosas concretas le gustaría ver implementadas en los próximos 3-6 meses y 6-12 meses para reforzar intencionalmente el valor de la comunidad?

3-6 MESES

_____

_____

_____

_____

_____

_____

_____

_____

6–12 MESES

_____

_____

_____

_____

_____

_____

_____

_____

_____

3

CLARIFICAR
LA VISIÓN

Como ya se ha dicho, un visionario ve lo que aún no existe, pero lo comunica como si existiera. No sólo creen que ciertas cosas deberían suceder, sino que también muestran a la gente cómo pueden suceder. ¿Qué quiere usted que ocurra? ¿Qué pasos hay que dar para que esas cosas sucedan?

Sus respuestas a estas preguntas proporcionan el marco para la visión de su ministerio - un marco que es esencial construir mientras se construya un equipo de liderazgo y crezca su ministerio. Si la visión no está clara, entonces la gente no sabrá hacia dónde se dirige, y si no saben hacia dónde se dirige, empezarán a ir en su propia dirección. Aclarar la visión, los valores y el enfoque es esencial para la eficacia a largo plazo y la sostenibilidad de su misión.

AUMENTAR LA CLARIDAD, REDUCIR LA ANSIEDAD

Parece que ya nadie se pierde. ¿Cuándo fue la última vez que se paró usted a pedir direcciones? Con la tecnología de localización por GPS y las vocecitas de "Siri" en nuestros teléfonos, rara vez falta claridad sobre cómo llegar a donde necesitamos ir. Debido a que la tecnología ha aumentado nuestra claridad, nuestros niveles de ansiedad disminuyen — incluso cuando viajamos a lugares en los que nunca hemos estado antes. ¿Por qué? Porque Siri nos dirá cómo llegar a dónde vamos.

La visión de su ministerio debe aumentar la claridad y reducir la ansiedad. Debe comunicar los valores, la misión y la dirección de tal manera que las personas involucradas en su ministerio sepan hacia dónde va usted, por qué va allí y cómo va a llegar allí.

La visión no es sólo ver hacia dónde se dirige, sino también mostrar a los demás cómo llegar allí.

———

EL PRINCIPIO DEL "DEBER" FRENTE AL "PODER"

Parte de la clarificación de su visión es entender la diferencia entre "deber" y "poder". No todo "puedo" es un "debo", pero todo "debo" debe tener un "puedo". Vamos a desglosar eso.

Sólo porque se "pueda" hacer algo no significa necesariamente que se "deba" hacerlo. ¿Usted puedes correr por el supermercado disfrazado de gorila y gritando a todo pulmón? Sí, probablemente puede. Pero, ¿debería? Así es, probablemente no debería (¡por favor, no lo haga!). Lo que "puede" hacer no siempre es lo que "debe" hacer, pero lo que "debe" hacer siempre necesita tener un plan de acción para llevarlo a cabo: un "puedo".

¿Debería cortar el césped de su jardín para que no se convierta en la selva del barrio que atrae a todos los animales salvajes de la zona? Sí, probablemente debería. ¿Puede hacerlo? Esta pregunta es un poco más compleja. Hay factores para tener en cuenta: ¿tiene tiempo, el equipo adecuado, está lo bastante sano para hacerlo, etc.? Responder a la pregunta "¿puedo?" es un poco más complejo que responder a la pregunta " ¿debería?": requiere algo de creatividad, planificación y estrategia para llevar a cabo la tarea en cuestión. ¿Debería usted cortar el césped de su jardín? Sí. ¿Puede hacerlo? Sí, tengo el equipo adecuado, pero hay que tener en cuenta otras cosas. Cuando tenga tiempo lo haré yo solo. Sin embargo, si esa semana no tengo tiempo o no me encuentro bien, tengo el número de un servicio de jardinería al que puedo llamar para que se encargue de ello. Ese es el plan.

MINISTERIO DE MISIÓN CRÍTICA

Los " Deberes" son críticos para la misión - si no los hace, al final no verá materializada la visión de su ministerio. Son, como su nombre lo indica, críticos para cumplir con lo que Dios lo está llamando a hacer. Una visión clara crea parámetros a través de los cuales cada oportunidad puede ser filtrada a través de las siguientes preguntas:

¿Es esta oportunidad de misión crítica? ¿Nos apunta en última instancia a la visión de nuestro ministerio y ayuda a que esa visión se convierta en una realidad? ¿O nos distrae de ella o, peor aún, nos desvía de ella?

Si no es crítica para la misión, entonces cualquier oportunidad que esté frente a usted, aunque probablemente sea un "puedo", definitivamente no es un "debo".

TRES PRINCIPIOS A TENER EN CUENTA

Cuanto más complejo se vuelve algo, más duro tiene que trabajar para crear claridad en ello. Todos sabemos cómo conectar una lámpara a un enchufe. Desde nuestra perspectiva, en un lado de la pared, está claro. Sin embargo, si nos situamos detrás de la pared, las cosas se vuelven mucho más complejas. Muy pocos entendemos cómo funciona realmente la electricidad.

A medida que su ministerio crezca, se volverá más complejo y, por tanto, mucho más difícil — e importante — mantener la claridad. Si se encuentra recién constituyendo su ministerio, o está dando un paso atrás en un ministerio existente con el fin de redefinir los valores y reorientar los esfuerzos, aquí tiene tres principios para tener en cuenta al establecer las prioridades estratégicas para avanzar:

SIMPLE
La tentación es decir sí a cualquier "idea" buena y lanzar o dirigir el ministerio con el mayor impacto posible. Sin embargo, la sencillez y el enfoque son esenciales para un ministerio eficaz y sostenible. Eso requiere estar dispuesto a decir no en ciertos momentos, no sí todo el tiempo. No todo puede ser un "debería". Es más importante hacer las cosas correctas que hacer muchas cosas.

LENTO
El objetivo de su ministerio es la sostenibilidad, no la velocidad. Moverse demasiado rápido y demasiado pronto puede terminar haciendo más daño al ministerio que ayudarlo. Lo último que quiere hacer es equipar y preparar inadecuadamente a las personas sólo para que al final se agoten. Tenemos que desarrollar expectativas realistas de lo que podemos lograr eficazmente con lo que tenemos actualmente para trabajar.

PEQUEÑO
Empezar en pequeño no quiere decir que no queramos establecer grandes metas para nuestro ministerio y creer que Dios va a hacer grandes cosas. Simplemente está sugiriendo que para ver que ambas cosas sucedan puede haber algunas cosas que necesitamos considerar hacer primero. Si invertimos tiempo en aprender a gatear, eventualmente aprenderemos a caminar - ¡y luego a correr! Pero tenemos que empezar por algún sitio. Primero hay que construir unos cimientos fuertes.

EL ARTE DE "AMPLIAR" SU VISIÓN

"Ampliar" algo significa simplemente tomar algo grande y complejo — como la crisis del cuidado de huérfanos en su ciudad o la crisis global de huérfanos en nuestro mundo - y hacerlo más manejable para que la gente lo entienda. Es esencial que su equipo de liderazgo "amplíe" la visión de su ministerio de tal manera que la gente de su iglesia pueda verla, entenderla, aferrarse a ella e involucrarse en ella. El objetivo no es minimizar la magnitud de la crisis en cuestión, sino proporcionar una plataforma sobre la cual su gente pueda ver más fácilmente el problema e identificar más fácilmente su rol para ayudar a resolverlo.

UNA AFIRMACIÓN EN "PROPORCIÓN"

Por ejemplo: "Queremos erradicar la crisis de acogimiento familiar" no es una visión. Suena bien y noble, pero no dibuja un panorama claro para la gente. Es demasiado grande, pesada y carece de dirección. La persona promedio se doblaría bajo el peso de una afirmación como esa. Hay que ponerla en proporción. Tal vez algo como esto: "Nuestro condado necesita 60 familias de acogimiento más; queremos que al menos 30 nuevas familias de nuestra iglesia abran sus hogares en el próximo año". Eso es claro y audaz, pero más manejable, accionable y alcanzable. Encuentre formas de contextualizar los números y establecer metas que sean alcanzables. La gente puede entender este tipo de visión.

ACTIVIDADES DEL MINISTERIO

Esto incluye establecer una visión para las diferentes actividades del ministerio que espera realizar durante el próximo año, como "Queremos abrir una despensa de suministros para familias de acogimiento, organizar un almuerzo informativo para las personas interesadas en involucrarse e identificar el Domingo de los Huérfanos". Objetivos claros y alcanzables.

HÁGALO PERSONAL

Esto también se aplica a la forma de transmitir su ministerio a su gente. Aunque las necesidades son abrumadoras, es mucho más realista — y un reto más personal — centrarse en cómo cada individuo puede cambiar el mundo de al menos uno. Nadie puede cambiar el mundo para todos los niños, pero todos podemos cambiar el mundo de al menos un niño. Todos podemos hacer algo para cambiar el mundo de al menos uno. Ese es el mensaje.

Una visión clara es mucho más difícil de descartar. Si la visión es pintar un cuadro del futuro, entonces en estas declaraciones a escala, el futuro es claro.

PREGUNTAS PARA TENER EN CUENTA AL FORMAR Y CLARIFICAR SU VISIÓN

- ¿Cuál es la visión de su ministerio?
  En una o dos frases, comunique los valores, objetivos y dirección del ministerio de cuidado de huérfanos de su iglesia.

- ¿A dónde se dirige usted en los próximos 6 meses?
  ¿Cuáles son sus actividades u objetivos más "críticos para la misión" en los próximos 6 meses?

- ¿Por qué está yendo allí?
  ¿De qué manera esas actividades críticas para la misión se conectan y refuerzan la visión general y los valores del ministerio?

- ¿Cómo va a llegar allí?
  ¿Qué recursos necesita para alcanzar esos objetivos en los próximos 6 meses? ¿Ya los tiene? Si no, ¿cómo los conseguirá?

4

ARTICULAR UN MENSAJE CONVINCENTE

En el ajetreo de todas las cosas que conlleva dirigir e implementar ministerios, uno de los componentes más críticamente importantes, aunque a menudo pasado por alto, del liderazgo ministerial es establecer un mensaje claro y coherente. ¿Qué vamos a decir? ¿Cómo vamos a decirlo? ¿Por qué vamos a decirlo así? ¿Con qué frecuencia se dirá? ¿Quién tiene que decirlo?

Estas son preguntas cruciales que deben ser acordadas como líder ministerial o equipo de liderazgo. Si no estamos diciendo las cosas correctas de la manera correcta en el momento adecuado, nuestra planificación y eventos y calendarios pueden estar bien organizados, pero nuestra gente será mucho menos propensa a involucrarse en ellos.

Entre otras cosas, el objetivo de su mensaje es:

- Proporcionar claridad: Un mensaje coherente articula claramente la visión y la dirección. Un mensaje inconsistente es confuso, dejando que la gente se pregunte qué está haciendo su ministerio, por qué lo está haciendo y cómo va a lograrlo.

- Reforzar los valores: Un mensaje coherente comunica repetidamente lo que es más importante para el ministerio, en concepto (lo que cree usted) y en práctica (qué y cómo lo hace).

- Deconstruir falsos paradigmas: Un mensaje coherente proporciona a su audiencia un lenguaje y una perspectiva que les ayuda a formular una mejor comprensión de los asuntos matizados y complejos que su ministerio está abordando.

- Articular el "por qué": A la gente le importa más por qué usted hace lo que hace, que lo que hace o cómo lo hace. Un "por qué" claramente articulado establece confianza, construye cohesión y motiva a la gente hacia el "qué" y el "cómo".

❷ ¿Qué otros beneficios de establecer un mensaje coherente puede identificar?

❷ ¿Cómo ha experimentado usted algunos de estos beneficios en su ministerio?

❷ ¿Qué cambios necesita hacer para asegurarse de que está maximizando estos beneficios para su ministerio?

LOS TRES PILARES DE UN MENSAJE SÓLIDO

1. UN "POR QUÉ" CONVINCENTE

Los mensajes más inspiradores motivan a las personas con un sentido de propósito más grande que ellos mismos. Redactan y responden a la pregunta "¿Por qué?" - ¿Por qué esto es importante? ¿Por qué lo estamos haciendo? ¿Por qué debería importarme? ¿Por qué debería sacrificar mi tiempo, dinero y energía para ser parte de esto? Un "por qué" realmente convincente proyecta una visión, refuerza los valores, motiva a las personas y les da algo en qué creer más grande que ellos mismos, algo para querer conseguir y por lo cual sacrificarse.

Como líderes de la iglesia, es fácil perder el sentido de nuestro "por qué". No porque dejemos de creer en algo mayor a nosotros mismos, sino porque acabamos invirtiendo tanto tiempo y energía en comunicar lo que vamos a hacer y cómo lo vamos a hacer, que nos queda poco tiempo o energía emocional para proyectar la visión de por qué lo estamos haciendo. Tenemos una carrera de 5 km, una recaudación de útiles escolares, una charla informativa, un proyecto de servicio navideño, etc. — esto es lo que estamos haciendo y cómo puede participar. Pero, ¿por qué? ¿Cuál es la motivación detrás de todo esto? ¿Cuál es el propósito más importante? ¿Cuál es la razón convincente para que la gente sacrifique su tiempo, su energía, su dinero y su familia?

EL EVANGELIO ES NUESTRO "POR QUÉ"

Cuidamos de los huérfanos y vulnerables porque hemos sido grandemente cuidados en Jesús.

❝❞ *16 En esto hemos conocido el amor: en que él puso su vida por nosotros. También nosotros debemos poner nuestra vida por los hermanos 18 ...no amemos de palabra ni de lengua, sino de hecho y de verdad. -1 Juan 3:16,18*

Cuidamos de
los huérfanos
y vulnerables
porque hemos
sido grandemente
cuidados
en Jesús.

_____

La obra de Jesús a nuestro favor nos obliga a trabajar a favor de los demás. ¿Por qué daríamos un paso hacia lo difícil? ¿Por qué nos inclinaríamos hacia lo quebrantado? ¿Por qué abrir nuestras familias a lo traumático y difícil? Porque eso es lo que Jesús ha hecho por nosotros. Entregamos nuestras vidas por los demás porque Él entregó primero Su vida por nosotros de forma perfecta, sacrificada y suficiente.

Él vio nuestro quebrantamiento y nos abrazó en nuestra debilidad, nos adoptó en su familia y cambió el curso de nuestras vidas para siempre. Esta hermosa imagen del Evangelio, y sus vívidas implicaciones en nuestro cuidado de los huérfanos y vulnerables, se desarrolla a través de dos aspectos primarios de la teología:

- La Doctrina de nuestra Adopción
- La Doctrina de Su Encarnación

Estas dos doctrinas pilares forman un fuerte y sólido fundamento de nuestro "por qué".

La doctrina de nuestra adopción

Una de las ilustraciones más destacadas que recorre toda la Escritura, que representa el carácter de Dios y Su obra a nuestro favor, es la imagen de la familia. En concreto la ilustración se basa en la relación entre Dios como nuestro Padre y nosotros como sus queridos y amados hijos.

❝❞ *Miren cuán grande amor nos ha dado el Padre para que seamos llamados hijos de Dios. ¡Y lo somos!* –1 Juan 3:1a

La bisagra sobre la cual se ha formado toda esta nueva relación con Dios está maravillosamente ilustrada en las Escrituras a través del uso continuo de la palabra "adopción". Pasajes como:

❝❞ *5 En amor nos predestinó por medio de Jesucristo para adopción como hijos suyos...* –Efesios 1:5a

❝❞ *15 Pues no recibieron el espíritu de esclavitud para estar otra vez bajo el temor, sino que recibieron el espíritu de adopción como hijos, en el cual clamamos: "¡Abba, Padre!".* –Romanos 8:15

Antes estábamos fuera de la familia de Dios, pero ahora, gracias a la obra de Cristo a nuestro favor, hemos sido adoptados como hijas e hijos muy amados. Experimentamos los derechos y privilegios de ser conocidos y amados como Suyos. Una nueva identidad nacida de una nueva forma de cómo nos relacionamos con Dios — como nuestro Padre — y como Él se relaciona con nosotros — como Sus hijos.

Si nuestra adopción en la familia de Dios está en el centro del Evangelio, entonces el Evangelio está ciertamente en el centro de nuestra vocación de cuidar a los niños que necesitan familias amorosas, seguras y permanentes a las cuales llamar suyas.

La teología de nuestra adopción ayuda a formar la base de nuestro "por qué". ¿Por qué cuidamos de los niños huérfanos y vulnerables trayéndolos a nuestras familias? Porque eso es lo que Cristo ha hecho por nosotros.

Pero no termina ahí.

Muchos líderes luchan por traducir la doctrina de nuestra adopción en la estructura cultural de sus iglesias. La verdad es que no todos estamos llamados a adoptar – o a traer a niños a nuestros hogares a través de otros medios como el acogimiento familiar. Entonces, ¿Cómo se traduce en la práctica la doctrina de nuestra adopción en la familia de Dios en un mensaje a nuestra iglesia que podría no incluir la adopción como una aplicación?

Muchos líderes de iglesias tropiezan con la idea de que "Hemos sido adoptados en la familia de Dios, pero no todos estamos llamados a adoptar". Es un mensaje difícil de comunicar y aún más difícil y confuso de escuchar para la gente de nuestras iglesias. Tiene que haber más, algo más amplio y holístico que tenga una variedad de diferentes aplicaciones para nuestra gente. Una manta teológica, si desea, que se pueda extender sobre la totalidad de nuestra iglesia y bajo la cual se puedan identificar implicaciones y aplicaciones para todos.

Aquí es donde una comprensión distinta, aunque estrechamente entrelazada a la doctrina de la "encarnación" puede ser increíblemente útil para insistir en su mensaje.

La doctrina de su encarnación

La palabra "encarnación" significa literalmente adoptar la forma humana. La doctrina de la encarnación de Cristo habla de Dios entrando en la humanidad, envolviéndose en carne y viviendo completa y plenamente como Dios y como hombre. Se le reconoce más notablemente en Navidad con el nacimiento de Jesús, sin embargo, sus repercusiones son mucho más penetrantes que sólo el 25 de diciembre de cada año.

❝❞ *22 Todo esto aconteció para que se cumpliera lo que habló el Señor por medio del profeta, diciendo:23 He aquí, la virgen concebirá y dará a luz un hijo, y llamarán su nombre Emanuel, que traducido quiere decir: Dios con nosotros.* –Mateo 1:22-23

La encarnación revela mucho de quién es Dios y de lo que hace. Nos dice que es la clase de Dios que ve las cosas quebradas y duras y no se aparta de ellas, sino que entra en ellas. Está "con nosotros". Se sumergió en nuestro quebrantamiento, llevó nuestro quebrantamiento a la Cruz, y fue quebrantado por nuestro quebrantamiento para que no tengamos que ser quebrantados nunca más. Dios nos vio en nuestra situación difícil y se acercó a nosotros, no se alejó. Ese es el evangelio.

Los mensajes más inspiradores dedican menos tiempo diciéndonos qué tenemos que hacer y más recordándonos quiénes somos.

—

El apóstol Pablo reitera la encarnación de Cristo y la vincula bellamente a la búsqueda redentora de Dios por la humanidad para hacernos Sus hijos, cuando escribe...

" " *4 Pero cuando vino el cumplimiento del tiempo, Dios envió a su Hijo, nacido de mujer y nacido bajo la ley, 5 para que redimiese a los que estaban bajo la ley, a fin de que recibiésemos la adopción de hijos. -Gálatas 4:4-5*

Jesus "nació de una mujer" (encarnación) para que podamos ser parte de su familia (adopción).

Si la encarnación de Jesús está en el centro del evangelio, entonces nuestro paso hacia lo difícil y dañado está ciertamente en el centro de nuestro llamado a cuidar de los niños vulnerables. La teología de la encarnación de Cristo ayuda a formar la base de nuestro "por qué". ¿Por qué nos sumergiríamos — o encarnaríamos — en lugares duros y dañados? Porque eso es lo que Cristo ha hecho por nosotros.

Las implicaciones de la doctrina de la encarnación son amplias. Las oportunidades para que cada individuo único de su iglesia se "encarne" en lugares difíciles y dañados son infinitas y llenas de creatividad.

Esto hace que la conversación vaya más allá del acogimiento familiar, la adopción o del cuidado de huérfanos en cierta medida — aunque éstas son vías claras y vívidas para que su gente responda (quizás por eso Santiago 1:27 describe el acercase hacia las vidas de los vulnerables como uno de los reflejos más puros e innegables del evangelio). La encarnación, sin embargo, nos habla de una postura y una perspectiva renovadas hacia el mundo que nos rodea en todo lo relativo a la justicia, la misericordia y el sacrificio.

El mundo dice que debemos evitar las cosas difíciles y dañadas, aislarnos de ellas y aislar de ellas a nuestras familias. El evangelio, sin embargo, sugiere una postura y una perspectiva totalmente diferente. Nos obliga a "encarnarnos", a acercarnos a ellas y a envolvernos en ellas.

Esto podría incluir a una persona de su iglesia que se involucra con sus vecinos, que abre su hogar para el acogimiento familiar, que invierte en iniciativas de renovación en el extranjero, que se asocia con los esfuerzos de rescate en la trata de personas en su ciudad, que alimenta a personas sin hogar y la lista podría continuar.

Las oportunidades de encarnarnos en lugares difíciles y dañados son infinitas y llenas de diversidad. La aplicación de la encarnación en los esfuerzos de acogimiento familiar y adopción es clara e innegable. ¿Por qué nos sumergiríamos — o encarnaríamos — en lugares difíciles y dañados? Porque eso es lo que Cristo ha hecho por nosotros.

EL PRINCIPIO, EL MEDIO Y EL FINAL

En la esencia de nuestra motivación para cuidar a los huérfanos y vulnerables está el corazón de Dios demostrado a través del evangelio a nuestro favor. Es el evangelio — la historia de Cristo entrando en nuestro quebrantamiento (encarnación) y atrayéndonos hacia la seguridad y la garantía de su provisión y protección (adopción) – lo que actúa como la red y la guía no sólo de por qué debemos cuidar de los huérfanos y vulnerables, sino también de cómo debemos cuidar.

TRES COSAS QUE HACE EL EVANGELIO

Nos Impulsa A Interponernos

La obra de Jesús a nuestro favor se convierte en la principal motivación de por qué trabajaríamos en el de ellos: Él se interpuso en nuestra historia, así que nosotros también nos interpondremos en la de ellos.

Nos Sostiene En Medio De Las Dificultades

Cuando el trabajo se hace especialmente difícil y nos preguntamos "¿Por qué estamos haciendo esto?", el evangelio nos recuerda que el trabajo vale la pena — le da sentido a la lucha y contexto a la dificultad.

Se Exhibe A Través Del Cuidado

Cuidar de los huérfanos y los vulnerables es una de las demostraciones más puras e inmaculadas del evangelio que el mundo jamás verá. (Santiago 1:27)

En el evangelio, Dios dice: "¡Te veo en el lugar donde estás y voy por ti!". Cuidar de los vulnerables y los huérfanos son hermosos ecos de esa misma declaración.

No podemos descuidar el evangelio como fuente y sustento de nuestro ministerio. Es el principio de nuestra motivación, el poder que nos sostiene en el medio y la belleza que se exhibe al final.

Es nuestro "por qué" más convincente.

2. MOTIVADO POR LA IDENTIDAD

Los mensajes más impactantes son los que conmueven a las personas — no sólo en lo que hacen, sino en lo que son. No tratamos simplemente de motivar a nuestra iglesia para que haga las cosas correctas, sino que, lo que es más importante, tratamos de equiparla para que sea la iglesia correcta. Lo mismo ocurre con las personas: un mensaje motivado en la identidad se centra menos en lo que deben hacer y más en capacitar a las personas en quiénes son, confiando en que un sentido correcto de la identidad se traducirá en última instancia en un sentido correcto de la acción.

Los mensajes mas inspiradores dedican menos tiempo diciéndonos qué hacer y mas tiempo recordándonos quiénes somos

"" 10 *Porque somos hechura de Dios, creados en Cristo Jesús para hacer las buenas obras que Dios preparó de antemano para que anduviésemos en ellas.* –Efesios 2:10a

APELAR A LA IDENTIDAD

En su libro *Switch: How to Change When Change Is Hard*, [Traducido: 'Cambiar: Cómo Cambiar Cuando El Cambio Es Difícil'] Chip y Dan Heath utilizan un programa de conservación de la vida silvestre a finales de los años setenta en la isla de Santa Lucía para ilustrar el poder de motivar la acción aprovechando el sentido de identidad personal de la gente.

La escena era la siguiente: El loro de Santa Lucía, autóctono de la isla (el ave no vive en ningún otro lugar del mundo), estaba al borde de la extinción. Paul Butler, un estudiante universitario londinense, había estudiado el ave y se le encargó dirigir una campaña para salvarla.

Propuso tres estrategias al gobierno de Santa Lucía: 1) Aumentar las penas por la captura del loro; 2) Establecer un santuario protegido de loros en la selva; y 3) Organizar "excursiones por la selva tropical" para recaudar fondos que se invertirían en el paisaje medioambiental de la isla.

Sin embargo, el gobierno no tenía realmente autoridad para ponerlas en marcha por sí solo. Requerían una acción legislativa y, por tanto, el apoyo de los ciudadanos.

Ese apoyo público nunca llegó, al menos no de la forma que Butler pensaba. Pronto se dio cuenta de que la población de Santa Lucía desconocía el problema y no sabía que el ave estaba en peligro de extinción. Tampoco les importaba. La existencia o la inexistencia del loro no influía en sus vidas. No mejoraba ni empeoraba su situación económica, relacional o social. Butler se dio cuenta de que su campaña para conseguir el apoyo público tendría que ir en una dirección totalmente distinta.

Así que lanzó una campaña de concienciación pública, no para destacar la difícil situación del ave, sino para promover un sentimiento de identidad entre los habitantes de Santa Lucía, identidad que resultaría en acción.

Se propuso convencer a la gente de que los habitantes de Santa Lucía "eran la clase de gente que protegía a los suyos". Su objetivo era establecer un sentimiento de orgullo nacional y vincular estrechamente el sentido de identidad personal de la gente a él. "Protegemos a los nuestros" fue el lema que se propuso establecer entre la gente.

Imprimió pegatinas para parachoques, botones, camisetas y folletos. Acudió a la prensa, la radio y las revistas locales para publicar anuncios promocionales sobre el "orgullo" de ser de Santa Lucía. Incluso convenció a los ministros locales para que citaran versículos sobre la mayordomía y el "cuidado de lo que Dios te ha confiado" durante los sermones. Con el tiempo, creció el apoyo público para salvar al loro, y el gobierno presentó las recomendaciones de Butler, que fueron aprobadas por una abrumadora mayoría.

¿Por qué? Porque se tomó el tiempo de cultivar un orgulloso sentimiento de identidad entre los habitantes de Santa Lucía — "Protegemos a los nuestros". A continuación, les dio la oportunidad de poner en práctica esa identidad — uno de los suyos, el loro, estaba en apuros y necesitaba que hicieran algo al respecto.

Al final, no sólo se salvó el loro de Santa Lucía, sino que la campaña de Butler se repitió en otros lugares del mundo. Los hermanos Heath lo utilizan como ejemplo de cómo motivar a la gente para que actúe. Cuando se crea en la gente un fuerte sentimiento personal de identidad, desarrollan la fuerza para actuar.

RESULTADOS VS. IDENTIDAD

En términos generales, las personas toman decisiones a través de dos lentes principales: Resultados e Identidad. La lente orientada a los resultados filtra la toma de decisiones a través de una evaluación de costes y beneficios. La lente orientada a la identidad filtra la toma de decisiones a través de una lente que está más intrínsecamente motivada por algo profundo.

RESULTADOS	IDENTIDAD
Calcula los costes personales.	Calcula los costes para los demás.
Toma decisiones que maximicen la satisfacción personal.	Toma decisiones para maximizar el beneficio de los demás.
Se hace preguntas como... ¿Qué me exigirá? ¿Cómo me hará sentir? ¿Cuáles son los efectos a largo plazo?	**Se hace preguntas como...** ¿Quién soy? ¿Qué tipo de situación es ésta? ¿Qué hace alguien como yo?

Se estima que una persona promedio toma aproximadamente 35.000 decisiones al día. Algunas impulsivamente, como la decisión de rascarse cuando algo le pica; otras lógicamente, como la decisión de comprar la botella de champú más barata en la tienda. En todas nuestras decisiones lógicas estamos filtrando a través de un paradigma de Resultados vs. Identidad.

Considere a un adolescente (la mayoría de nosotros los tenemos, los hemos tenido o eventualmente los tendremos), ¿Qué pasa si un día se enfrentan a la decisión de beber o no? Las preguntas que surgirían podrían ser: "¿Cómo me hará sentir?" Bien (al menos esta noche). "¿Pensará la gente que soy genial?". Tal vez. "¿Vale la pena que me pillen?" No lo sé.

Las preguntas de identidad que pueden hacer incluyen (nota - ¡estas son las que queremos que pregunten!): "¿Soy la clase de chico que bebe en las fiestas?". No. "¿Qué clase de situación es esta?". Una en la que se me está dando la oportunidad de hacer algo que no encaja con quien soy. "Si no bebo, ¿me parece bien que no me acepten en el grupo de los "geniales "?". Sí. "¿Qué hace alguien como yo en una situación así?". No bebo (¡mejor aún, no voy a la fiesta en primer lugar!).

Ahora que usted es adulto, tal vez es la decisión de aceptar un nuevo trabajo, mejor pagado, pero más exigente. Ahora mismo su trabajo le ofrece la flexibilidad que necesita para pasar el tiempo que desea con su familia. Está en casa para cenar, asiste a todos los eventos deportivos de sus hijos e incluso tiene tiempo extra para llevar a su esposa a citas especiales uno a uno regularmente. Este nuevo trabajo, sin embargo, paga más y avanza en su carrera al siguiente nivel, pero no será tan flexible.

Las preguntas orientadas a los resultados que pueden plantearse son: "¿Cuánto maximizará mi propia satisfacción aceptar este nuevo trabajo?". Bueno, me pagarán más, me dará más renombre y autoridad dentro de la industria y por fin conseguiré esa oficina de esquina con la que siempre he soñado.

Las preguntas de identidad podrían ser: "¿Quién soy y qué es lo que más valoro?". Pues bien, soy un marido y un padre que valora más el tiempo con mi familia que el renombre y el prestigio en el trabajo. "¿Qué tipo de situación es esta?" El tipo de situación en la que tendría que sacrificar el tiempo con mi familia en aras del trabajo. "¿Qué hace alguien como yo en una situación así?". No acepto el trabajo, aunque eso signifique que mis compañeros piensen que estoy loco, que mi sueldo siga siendo el mismo y que no tenga las vistas que quiero desde la ventana de mi oficina.

Usted y yo, junto con la gente de nuestras iglesias, tomamos miles de decisiones al día y — si somos sinceros, nuestra tendencia natural es evaluar los resultados — "¿Cómo me va a hacer sentir? ¿Cuánto me va a costar? ¿Qué decisión debo tomar para maximizar mi comodidad personal?". — sin considerar las cuestiones más profundas de la identidad, el valor y lo que significa apoyarse en lo difícil y dañado.

Una petición general de "hay niños en hogares de acogimiento y usted debería hacer algo al respecto" o "hay millones de huérfanos en el mundo y usted debería cuidarlos" (obviamente declaraciones exageradas y sobresimplificadas con fines ilustrativos) cae en los oídos de las personas que están evaluando los costos y maximizando la comodidad. Necesitan un "por qué" más convincente. ¿Por qué dar un paso decidido e intencionado hacia cosas difíciles y dañadas cuando todo en su interior les dice que busquen la comodidad y la conveniencia?

Por eso es de vital importancia que los llamemos a una forma de pensar más profunda y completa sobre su identidad — y sus implicancias — a la luz del evangelio. El objetivo de su mensaje es llevar a las personas de su iglesia de un paradigma de toma de decisiones orientado a los resultados a otro orientado a la identidad.

Eso es lo que hizo Paul Butler con los habitantes de Santa Lucía — hizo que los isleños dejaran de tener un pensamiento orientado a los resultados ("¿Qué diferencia hace si salvamos al pájaro? No afecta tanto nuestras vidas") a tener un pensamiento orientado a la identidad ("Somos de Santa Lucía, protegemos a los nuestros — y uno de los nuestros está en apuros").

Es importante señalar que cultivar un paradigma orientado a la identidad no significa ignorar o negar la realidad de los resultados. Sigue siendo vital considerar los costos, los requisitos y las implicaciones de ciertas decisiones. Sin embargo, la identidad nos recuerda que nuestra toma de decisiones no termina en nuestro pensamiento orientado a los resultados. Evalúa y valida los resultados y luego nos lleva a cuestiones más profundas e intrínsecas de los valores, la importancia y objetivo final.

"¿Cuánto me va a costar?"
  — Mucho.
"¿Cómo me va a hacer sentir?"
  — Cansado, a veces vacío e incómodo. "¿Cuáles son los efectos a largo plazo?" — No lo sé.
"Pero, ¿quién soy yo?"
  - Soy una persona dañada a la que Dios se le acercó, no de la que se alejó, y me invitó a la seguridad y provisión de Su familia a través de la obra de Jesús.
"¿Qué tipo de situación es esta?"
  — Una situación quebrantada donde un niño necesita una familia o alguien que simplemente necesita una mano.
"¿Qué hace alguien como yo en una situación como esta?".
  — Doy un paso hacia ella, no me alejo de ella — y acepto que el costo vale la pena.

Consideramos que el costo vale la pena por la ganancia que un niño y su familia pueden recibir. ¡Ese es nuestro convincente por qué!

A la luz de nuestro convincente "por qué" (el evangelio), queremos ser la clase de personas (identidad) que ven las cosas difíciles y dañadas y dan un paso hacia ellas, no se alejan de ellas. Consideramos que el costo (resultados) de comprometernos con la vida de los vulnerables y los huérfanos vale la pena — un resultado natural del gozoso privilegio que tenemos de exponer el evangelio de maneras puras e inmaculadas.

No todos estamos llamados a hacer lo mismo, pero todos somos ciertamente capaces de hacer algo.

———————

El objetivo de nuestro mensaje es sencillo: llevar a la gente de calcular el costo a considerar tres preguntas muy importantes: "A la luz del costo..."

1. ¿Quién soy?
2. ¿Qué clase de situación es ésta?
3. ¿Qué hace alguien como yo en una situación así?

3. ESPACIO PARA TODOS

Los mensajes más poderosos aprovechan la diversidad colectiva de la audiencia. Establecen claramente que hay espacio para todos, no sólo para unos pocos. Proporcionan guías sobre las que la sabiduría, los recursos, las perspectivas, las experiencias y los dones en conjunto pueden utilizarse juntos con más fuerza de la que podrían hacerlo por separado. El mensaje para su iglesia debe ser claro — todos, desde los solteros, los casados, los jóvenes, los ancianos, los ricos, los pobres — cada individuo tiene un papel único y vital que desempeñar.

No todos estamos llamados a hacer lo mismo, pero todos somos ciertamente capaces de hacer algo.

" " *4 Porque de la manera que en un solo cuerpo tenemos muchos miembros pero todos los miembros no tienen la misma función, 5 así nosotros, siendo muchos, somos un solo cuerpo en Cristo pero todos somos miembros los unos de los otros. –Romanos 12:4-5*

El funcionamiento adecuado del pueblo de Dios para cumplir los propósitos de Dios se describe a menudo en términos comunitarios, no individualistas. Si bien un papel puede ser más visible y otro más sutil, ambos operan en un nivel cooperativo de igual codependencia, hasta el punto de que si incluso una parte aparentemente "pequeña" sufre, como golpearse un dedo del pie, afecta al conjunto, como hacer que un hombre adulto se doble de dolor.

Del mismo modo, cuando una parte cumple su función, como una mano que sujeta un tenedor, el conjunto se beneficia, como una boca que mastica y un estómago que se sacia. Esto es lo que significa que las distintas partes del cuerpo sean "miembros uno del otro". Estamos mucho más estrechamente vinculados de lo que nos damos cuenta.

Específicamente, cuando observamos cómo los esfuerzos cooperativos del Cuerpo de Cristo se manifiestan a través del cuidado de los huérfanos y vulnerables, encontramos que la misma premisa es cierta: no todos estamos llamados a hacer lo mismo, pero todos somos ciertamente capaces de hacer algo. Todos tenemos una función que desempeñar — algunas más visibles, otras más sutiles — todas de gran importancia para servir bien a los niños y familias vulnerables.

En el Cuerpo de Cristo, no hay partes insignificantes. Del mismo modo es cierto para su ministerio — cada uno tiene un papel que desempeñar, ¡y todos son importantes!

EL CUERPO DE CRISTO

La imagen de un cuerpo humano se utiliza constantemente a lo largo de las Escrituras para ilustrar la identidad y la actividad de la Iglesia — cómo el pueblo de Dios se relaciona entre sí y funciona en conjunto. Unos son manos y otros pies. Unos son dedos de las manos y otros dedos de los pies. Unos ojos y otros oídos. Somos una diversidad colectiva de individuos únicos que se unen — todos con diferentes dones, pasiones, recursos, experiencias y capacidades — reconociendo nuestras diferencias y uniéndolas para el bien común. Las Escrituras lo comparan con el funcionamiento de un cuerpo físico: diferentes partes, un mismo propósito.

" 14 Pues el cuerpo no consiste de un solo miembro, sino de muchos. 15 Si el pie dijera: "Porque no soy mano, no soy parte del cuerpo", ¿por eso no sería parte del cuerpo? 16 Y si la oreja dijera: "Porque no soy ojo, no soy parte del cuerpo", ¿por eso no sería parte del cuerpo? 17 Si todo el cuerpo fuese ojo, ¿dónde estaría el oído? Si todo fuese oreja, ¿dónde estaría el olfato? 18 Pero ahora Dios ha colocado a los miembros en el cuerpo, a cada uno de ellos, como él quiso. 19 Porque si todos fueran un solo miembro, ¿dónde estaría el cuerpo? 20 Pero ahora son muchos los miembros y a la vez un solo cuerpo. –1 Corintios 12:14-20

En el Cuerpo de Cristo, nadie está llamado a hacerlo todo, pero todos hemos sido creados para hacer algo. Así funcionan nuestros cuerpos físicos y así funcionan también nuestras iglesias. Se dan dones únicos a individuos únicos, no para su propio bien sino para el bien común de todo el cuerpo.

ENCUENTRE SU ALGO

Este mensaje sigue reforzando el paradigma de la toma de decisiones orientada a la identidad. El objetivo no es encajar una "clavija cuadrada en un agujero redondo", sino ayudar a las personas a descubrir los dones, talentos, recursos y pasiones únicas que Dios les ha dado y cómo podrían utilizarlos para servir a los niños y a las familias. Ayuda a responder a la pregunta: "¿Qué hace alguien como yo en una situación como ésta?".

Esto se convierte en la base narrativa de su ministerio de acogimiento familiar y adopción: Todo el mundo puede hacer algo... ¡ENCUENTRE SU ALGO! Un mensaje sencillo y coherente en su iglesia podría ser...

"En la Iglesia _____,
algunos de nosotros vamos a traer niños a nuestros hogares;
el resto de nosotros vamos a encontrar maneras
de servirles y apoyarles".

UN MODELO DE "TODOS PODEMOS HACER ALGO"

Este diagrama es un ejemplo de lo que podría ser "todos podemos hacer algo". Puede ser una familia llevando niños a su casa mientras todo un equipo, de formas únicas, pero igualmente importantes, se reúne a su alrededor para servirles y apoyarles. A veces, la mejor manera de comunicar su mensaje es mostrar a la gente cómo es — de forma visible, tangible y práctica. Considere utilizar una ilustración como esta y sea creativo con la forma en que apoyan a las familias:

¿Qué pasaría si todos sintieran que tienen que hacer lo mismo? ¿O si nadie les dijera de las diferentes oportunidades que había para involucrarse? Este gráfico sería muy diferente — incompleto y carente de todas las partes necesarias. Asegúrese de que su mensaje se transmita de forma clara y coherente — tanto con palabras como de manera visual — el modelo "todos podemos hacer algo". ¿Cómo se podría presentar "todos podemos hacer algo" en su iglesia?

SUSTENTAR SU MENSAJE

A medida que usted establece su mensaje claro y coherente de "todos podemos hacer algo", es esencial que construya una infraestructura de oportunidades para apoyar este convincente llamado a la acción.

Por ejemplo, si usted le dice a la gente que una forma de apoyar a las familias de acogimiento es convirtiéndose en cuidadores de niños certificados, es importante informarles sobre el camino que tienen que seguir para conseguirlo. ¿Con quién tienen que hablar? ¿Cuándo es la próxima clase? ¿Qué pasos deben tomar? ¿Podemos hacerlo en la iglesia? ¿Tenemos que ir a otro sitio? O, si la gente de su iglesia quiere ayudar a financiar adopciones para familias, asegúrese de que tiene un camino claro establecido para que puedan hacerlo. ¿Tiene su iglesia un fondo para adopciones? ¿Cómo puede designar la gente sus donaciones hacia eso?

La "regla" es sencilla — no le diga a la gente que hay muchas formas de participar sin ofrecerle plataformas claras, concretas y sencillas para hacerlo.

Una estructura de tres niveles

También es importante que su mensaje de " todos podemos hacer algo" llegue a las personas allí donde se encuentran. Algunos están preparados para niveles más altos de compromiso, mientras que otros necesitan oportunidades sencillas "la fruta al alcance de la mano" para empezar. Considere la posibilidad de estructurar sus niveles de compromiso en tres categorías principales, con algunas oportunidades para involucrarse en cada una de ellas.

He aquí algunos ejemplos (la lista no es limitada).

NIVEL 1	NIVEL 2	NIVEL 3
(Menos compromiso)	(Mayor compromiso)	(Máximo compromiso)
Proporcionar comidas	Cuidar niños	Acogimiento Familiar
Donar suministros	Apoyo Financiero	Adopción
Orar	Transporte / Recados	Brindar Un Respiro

Su mensaje " todos podemos hacer algo" debe incluir una serie de "rampas de acceso" para que la gente se involucre con una variedad de niveles de compromiso — que se adapten a su situación y les ayuden a alcanzar niveles más profundos de compromiso.

Nota: La expectativa no es que todos terminen en el "nivel 3". Más bien, el objetivo es que cada uno encuentre su "algo" y destaque en ello por el bien de los demás. Así, por ejemplo, algunas personas necesitan comenzar en el "nivel 1", por ejemplo, y ¡permanecer allí! Ahí es donde mejor sirven al conjunto. Dicho esto, también hay innumerables historias de familias que ahora están comprometidas en el "nivel 3" sólo porque alguien les dio la oportunidad de entrar en este trabajo inicialmente en un "nivel 1" o "nivel 2" ... luego Dios los llevó a alcanzar niveles de tal forma que tal vez no habrían podido alcanzar de otra manera.

Lleno de creatividad

Las oportunidades para que la gente de su iglesia se involucre en el cuidado de niños vulnerables, y apoye a las familias que lo hacen, son infinitas y llenas de creatividad. Algunas formas son más "prescriptivas", como cuidar a los niños, ayudar económicamente, brindar un respiro o donar suministros. Otras pueden ser más "descriptivas" — únicas y adaptadas a los dones, recursos y oportunidades de cada persona. En cualquier caso, las oportunidades de involucrarse son tan únicas y diversas como cada miembro de su iglesia.

Su mensaje claro y coherente de " todos podemos hacer algo" está diseñado para inspirar a su gente a considerar su papel y empoderarlos con el coraje que necesitan para dar el siguiente paso.

Hace poco conocí a un hombre en Kansas City. De unos 60 y pico años. Me dijo que hacía la mejor barbacoa de la ciudad (¡una afirmación audaz!) y que le ENCANTA proporcionar comida en cualquier evento relacionado con el ministerio de acogimiento familiar en su iglesia, incluyendo noches de respiro para parejas, reuniones informativas para aquellos que están considerando involucrarse e incluso llevar comidas a los hogares de las familias que han acogido a un nuevo niño. He aquí un tipo que ha dicho: "Sé lo que no puedo hacer y sé lo que puedo hacer; voy a hacer bien lo que puedo hacer". Me dijo que, aunque él y su esposa no estén en condiciones de traer a un niño a su casa, ciertamente pueden hacer todo lo posible para bendecir a los que sí lo están. No podría estar más de acuerdo.

¿Qué tipo de historias "Kansas City BBQ" tiene en su iglesia?
Tal vez sea...
- Un mecánico que da a las familias de acogimiento cambios de aceite gratis.
- El dueño de un restaurante que da a las familias de acogimiento y adoptivas comidas gratis para los niños.
- Un dueño de una empresa de jardinería que da descuentos a las familias de acogimiento y adoptivas.
- El propietario de un spa de belleza que ofrece descuentos a las madres de acogimiento familiar y adoptivas.
- Un estudiante universitario que no puede acoger ni adoptar, pero definitivamente puede cuidar niños.
- Un diseñador de páginas web que construye plataformas de comunicación para el ministerio de su iglesia.

La lista podría continuar. Las oportunidades son infinitas, llenas de creatividad y tan únicas y diversas como cada uno de los miembros de su iglesia. El objetivo de su mensaje claro y coherente es inspirarles y empoderarlos para "encontrar su algo".

Compartir una diversidad de historias

Es importante que su ministerio comparta constantemente historias de cómo Dios se está moviendo en las vidas de las familias de su iglesia. Es aún más importante que el uso de historias esté ayudando, y no dañando involuntariamente la visión más amplia de su ministerio. Cuando utilice historias — ya sean en video, impresas o entrevistas en directo — asegúrese de que refuercen el mensaje de que "todos podemos hacer algo". De lo contrario, si sólo hay historias sobre familias que llevan niños a sus hogares, el mensaje que se transmite es alto y claro... y confuso para quienes probablemente nunca harán eso.

Considere la posibilidad de compartir historias de personas que nunca han llevado niños a sus hogares pero que, aun así, han encontrado formas únicas de involucrarse. Comparta historias de aquellos que han apoyado económicamente adopciones, han respaldado a familias de acogimiento, han estado al lado de familias en crisis para ayudar a prevenir que el acogimiento familiar se convierta en solo una parte de la historia de los niños, o incluso de aquellos que aún no han hecho nada, pero están en el proceso de considerar en oración cómo Dios los está llamando a involucrarse. ¿Qué les ha enseñado Dios en esos espacios? ¿Cómo han sido impactados como resultado de haberse involucrado?

La realidad es que la mayoría de las personas en su iglesia probablemente nunca llevarán a un niño a su hogar, pero al final serán los portadores de algunas de las historias más poderosas de lo que Dios está haciendo a través de su ministerio y en su iglesia.

¿APATÍA O FALTA DE CLARIDAD?

Parece que ya nadie se pierde. ¿Cuándo fue la última vez que se detuvo a preguntar por una dirección? Con la tecnología de localización por GPS y las vocecitas de "Siri" en nuestros teléfonos, rara vez falta claridad sobre cómo llegar a donde tenemos que ir. Con el aumento de la claridad que aporta la tecnología, nuestros niveles de incertidumbre han disminuido — incluso cuando viajamos a lugares en los que nunca antes habíamos estado. ¿Por qué? Porque Siri nos dirá cómo llegar a nuestro destino.

En su libro, "*Switch*" ("Cambio"), Chip y Dan Heath hablan del asunto de la claridad cuando dicen: "Lo que parece resistencia a menudo no es más que falta de claridad". En otras palabras, puede parecer que a alguien no le importa, pero ¿y en realidad sí le importa y simplemente no sabe cómo hacerlo? Esa es una gran diferencia.

El punto es que, cuando aumentamos la claridad para la gente, ayudamos a disminuir cosas como la incertidumbre, la ansiedad y la apatía en ellos. Cuando saben cómo llegar a donde quieren ir, les ayuda a generar confianza para actuar. El mensaje "todos podemos hacer algo" aporta la claridad que muchos necesitan para comprometerse con algo que siempre les ha importado, pero que nunca estuvieron seguros de cómo hacerlo.
Esto lo cambia todo acerca de las suposiciones que hacemos y la estrategia que tomamos. En lugar de suponer que a la gente no le importa y cargar con la responsabilidad de que empiece a importarle, tal vez a veces sea mejor suponer que a la gente sí le importa y cargar con la responsabilidad de que nosotros, como líderes, les mostremos cómo hacerlo.

¿Qué aspectos del mensaje de su ministerio no están aumentando la claridad y disminuyendo la incertidumbre de la gente? ¿Qué cambios puede hacer para aportar más claridad a lo que significa un ministerio en el que "todos podemos hacer algo"?

CONCLUSIÓN

No todos estamos llamados a hacer lo mismo, pero todos somos capaces de hacer algo.

Este es su mensaje constante, coherente y convincente, y se refuerza cada vez que se dice o escribe algo públicamente sobre la visión de su ministerio de acogimiento familiar y adopción. Todos. Podemos. Hacer. Algo. Solteros, estudiantes universitarios, recién casados, familias jóvenes, nidos vacíos (los padres con hijos ya independizados) y jubilados. Todos.

Recapitulemos algunas cosas útiles para tener en cuenta mientras continúa construyendo su cultura de "todos podemos hacer algo":

Esquematice teológicamente el diseño y la función del Cuerpo de Cristo.

Comunique visualmente una estrategia en la que todos podamos participar.

Construya "niveles" de compromiso para las personas con el fin de encontrarlas donde están.

Comparta historias que reflejen la creatividad y la diversidad de oportunidades.

Cambie las suposiciones y busque la claridad del mensaje de su ministerio.

El objetivo de su mensaje es sencillo: empoderar a las personas para que utilicen los dones, pasiones y recursos únicos que Dios les ha dado por el bien del conjunto. Donde cada miembro individual hace su parte para que todo el cuerpo pueda funcionar mejor en conjunto a favor de los niños vulnerables y las familias.

Ese es el objetivo.

CONSTRUIR UNA "ESTRATEGIA DE GOTEO" DE COMUNICACIONES

Desarrolle una estrategia para comunicar sistemáticamente el corazón de Dios por los huérfanos y vulnerables, y ofrezca oportunidades para que su gente participe a lo largo del año.

Los grandes eventos, como el Domingo de los Huérfanos o un sermón, son como "hidrantes contraincendios" — mucha información y emoción de golpe para que nuestra gente ingiera. Estos eventos tipo "hidrantes contraincendios" son poderosos porque actúan como catalizadores significativos para la acción al compartir una potente visión con una amplia audiencia.

Sin embargo, sería contraproducente organizar uno o dos eventos "de hidrantes contraincendios " durante el año con poca o ninguna mención a la adopción, el acogimiento familiar y el cuidado de huérfanos entre eventos. Ese ritmo no ofrece oportunidades para que la gente procese lo que ha oído, lo que siente y quizás cuáles sean sus próximos pasos. Los deja abrumados con un montón de información y ningún lugar donde utilizarla.

También comunica sutilmente un mensaje que no tenemos la intención de comunicar — es decir, que nuestra iglesia se preocupa por este ministerio ... un par de veces al año. Por supuesto, sabemos que no es así — nos preocupamos por ello todo el tiempo — pero a nuestra gente, si sólo la abordamos una o dos veces al año, tal vez podríamos comunicarles involuntariamente algo opuesto.

Entre las inundaciones periódicas, también queremos "gotear" constantemente sobre el cuidado de los huérfanos y vulnerables en nuestra gente a lo largo del año de formas más pequeñas y fáciles de absorber.

Esto les da la oportunidad de procesar lo que están escuchando y sintiendo, y discernir cómo Dios tal vez los esté llamando a responder. También mantiene el mensaje frente a nuestra iglesia de una manera más consistente.

Para lograrlo, considere la posibilidad de esquematizar una "estrategia de goteo" para el año (o tal vez sólo empezar con 6 meses) que le ayude a mantener el mensaje ante su gente de forma consistente — tanto con grandes eventos "hidrantes contraincendios" y oportunidades de "goteo" más sutiles.

El siguiente esquema representa un ejemplo de oportunidades de " hidrantes contraincendios" y "goteo" en las que podría participar su iglesia. Sea creativo, utilice lo conocido e identifique cosas "normales" en su iglesia que puedan utilizarse en planes anuales de comunicación, eventos y programación como éste. Busque cosas que encajen con la cultura y el ritmo de su iglesia. Es probable que su iglesia ya esté haciendo algunas cosas que podrían incluirse, así que tenga cuidado con "reinventar la rueda" o duplicar esfuerzos. El objetivo final es que el cuidado de los huérfanos y vulnerables se incorpore consistentemente al mensaje general de la iglesia.

EJEMPLO DE ESTRATEGIA DE GOTEO DE UN AÑO

HIDRANTES CONTRAINCENDIOS 1	HIDRANTES CONTRAINCENDIOS 2	HIDRANTES CONTRAINCENDIOS 3	HIDRANTES CONTRAINCENDIOS 4
SERMÓN ÚNICO O UNA SERIE COMPLETA DE SERMONES	ÉNFASIS EN EL MES DE CONCIENTIZACIÓN SOBRE EL ACOGIMIENTO FAMILIAR	RECAUDACIÓN DE ÚTILES ESCOLARES PARA EL REGRESO A LA ESCUELA DE LOS NIÑOS DE ACOGIMIENTO FAMILIAR	DOMINGO DE HUÉRFANOS (PROMOVER EL EVENTO DE GOTEO EN DICIEMBRE)

ENE	FEB	MAR	ABR	MAY	JUN	JUL	AGO	SET	OCT	NOV	DIC

GOTEO	GOTEO	GOTEO	GOTEO	GOTEO	GOTEO	GOTEO	GOTEO

EJEMPLOS DE CÓMO "GOTEAR"

Ilustraciones de sermones, Historias (en directo, video, impresas), Reuniones sociales de padres de acogimiento familiar/adopción, Reuniones informativas, Clases introductorias/grupos pequeños, Servicio de bendición para los padres, Proyectos de servicio, Etc.

HACERLO "NORMAL"

De una manera contraintuitiva, el objetivo de su iglesia no es hacer del cuidado de los huérfanos y vulnerables una "cosa especial"; es hacer de ello algo "normal". Es relativamente fácil hacer del acogimiento familiar o la adopción algo especial, porque en muchos sentidos es especial. Es un lugar particularmente difícil, pero gratificante, en el cual podemos involucrar con el corazón de Dios a un mundo resquebrajado.

Sin embargo, por muy especial que sea, no queremos que sea una parte "especial" de nuestra iglesia de la que sólo hablemos en momentos "especiales" del año y en la que sólo participen personas "especiales". En lugar de eso, queremos que sea algo "normal" en nuestra iglesia, de lo que sea "normal" oír hablar todo el tiempo y en el que la gente "normal" esté involucrada en ello.

Articular un mensaje consistente, tanto en contenido — "todos podemos hacer algo" — como en frecuencia — desarrollando una "estrategia de goteo" — ayudará a normalizar el ministerio en su iglesia. Cuando se le pregunte: "¿Quién puede participar en este ministerio?", el objetivo es que su gente responda: "¡Cualquiera puede!". Cuando se le pregunte: "¿Es normal oír hablar del acogimiento familiar y la adopción en su iglesia?", la esperanza es que su gente responda sin vacilar: "¡Sí!".

El objetivo no es hacer del cuidado de los huérfanos y vulnerables algo "especial", sino hacer que sea algo normal. Y curiosamente es una colina más difícil de escalar. Pero no es imposible. Sea creativo, estratégico y realista al considerar cómo incorporarlo a la estructura normal de su iglesia.

5

INVOLUCRAR A TODA SU IGLESIA

Un elemento central para compartir eficazmente su mensaje claro y coherente de "todos podemos hacer algo" es el desarrollo de una estrategia central sobre cómo llevará ese mensaje al conjunto de su iglesia. ¿Qué vías construirá para llevar su mensaje a todos los miembros de su audiencia de forma que puedan oírlo, entenderlo y responder a él? ¿Cómo va a involucrar con el corazón de Dios no sólo a unos cuantos, sino a toda su iglesia con los vulnerables y los huérfanos?

En esta sección exploraremos tres ingredientes clave para involucrar, capacitar y movilizar eficazmente a todas las personas de su iglesia — desde los estudiantes hasta los solteros y los casados, los jóvenes y los mayores, los que tienen hijos y los que no los tienen... a todos.

TRES INGREDIENTES DE UN INVOLUCRAMIENTO EFICAZ

REDUZCA EL PROBLEMA
Reducir el problema significa presentarlo de forma en que la gente pueda relacionarlo y responder a él. No se trata de minimizar el problema, sino de comunicarlo de tal forma que las soluciones resulten más manejables para su gente.

AYUDE A CRECER A SU GENTE
Ayudar a crecer a su gente es el discipulado — equiparlos y capacitarlos para que sean conscientes de su nueva identidad en el evangelio y de las maneras únicas en las que Dios los ha creado, dotado de recursos y de dones.

TRACE EL CAMINO

Trazar el camino significa establecer elementos de acción claros y fluidos para avanzar. Es el camino tangible de los "próximos pasos" que la gente debe dar para que le resulte más fácil hacer lo correcto posteriormente.

No existe un "guión" o una "fórmula" perfecta para el ministerio, pero hay principios que pueden implementarse en cualquier contexto de una iglesia. El reto para los líderes es contextualizar estos principios a la cultura y ritmos únicos de su propia comunidad de la iglesia.

1. REDUZA EL PROBLEMA

Supongamos que me pide que le ayude a usted a perder 15 libras (aprox. 7kg). El problema es que usted tiene una enfermedad — una enfermedad llamada ¡"comida rápida"! Usted es adicto al combo de comida #1 de su cadena de restaurantes favorito, que incluye una hamburguesa, papas fritas y una bebida. La come casi a diario. Rápidamente identificamos que esto es parte de su problema.

¿Qué pasa si le informo a usted de que su combo favorito tiene un total de 1.100 calorías? Suena como un montón de calorías, ¿verdad? ¡Pues sí! Pero probablemente no las suficientes como para que lo piense dos veces antes de volver a pedir esa comida. Sabe demasiado bien como para no hacerlo. Pregunte a cualquier cadena de restaurantes de comida rápida y le dirán lo mismo: la gente descarta los datos sobre su salud en aras de su propia satisfacción personal. Es lo que hacemos.

EL ARTE DE LA "PROPORCIÓN"

Pero, ¿qué pasaría si lo redujera para usted en otros términos y le dijera que 1.100 calorías equivalen a comer casi CUATRO barras de chocolate en el almuerzo? ¿Usted comería CUATRO barras de chocolate en el almuerzo?

Probablemente no. Sin embargo, a nivel calórico, eso es esencialmente lo que está haciendo con la comida rápida. Un gran número, como 1.100 calorías, es intangible. No tenemos ninguna experiencia humana vinculada a ella, sin marco de referencia para medir sus proporciones y nada para compararlo. Además, ¿alguien ha visto alguna vez una caloría? ¿La ha tenido en la mano? ¿Ha tocado alguna? No que yo sepa. Son esas pequeñas cosas invisibles que sabemos que existen, pero con las que no tenemos ninguna experiencia personal, tangible y relacionable.

Como no podemos verlas ni sentirlas ni comprender la enormidad de 1.100 calorías, descartamos los datos y elegimos el sabor en lugar de la salud. Cuatro barras de chocolate, sin embargo, son fáciles de ver. Es más cercano a nuestra experiencia humana y mucho más fácil de retener — literalmente. Usted puede sostenerlas, tocarlas, sentirlas y entenderlas, y por lo tanto le resulta mucho más difícil descartar los hechos sobre ellas.

Esto es "poner en proporción": contextualizar algo de grandes proporciones en términos más tangibles y relacionables. Ya hemos hablado de este principio, pero vale la pena repetirlo en este contexto. En este caso, de 1.100 a cuatro. La proporción da una perspectiva más pequeña a través de la cual somos capaces de ver, entender y comprender mejor el panorama general. No niega la realidad o la importancia del problema, simplemente proporciona una plataforma para abordarlo con mayor eficacia.

"AMPLIANDO" LA VISIÓN DE SU MINISTERIO

Las estadísticas son desalentadoras: millones de niños en todo el mundo, cientos de miles en los Estados Unidos, docenas de miles en su estado y ciudad, cientos y miles sólo en su comunidad — Todos ellos necesitan familias permanentes, seguras y cariñosas. El problema es grande, pero con cifras así es difícil que la gente entienda qué hacer, adónde ir y cómo empezar siquiera a ser una solución al problema. Es demasiado difícil de entender y, por tanto, demasiado fácil de descartar. Y la mayoría de la gente lo hace — descarta los hechos en aras de su propia satisfacción personal, comodidad y conveniencia.

Una parte de involucrar a toda la iglesia consiste en poner en proporción la crisis — de forma que puedan verla, entenderla, captarla e involucrarse en ella con mayor eficacia. El objetivo no es minimizar la magnitud del problema, sino proporcionar una plataforma sobre la que su gente pueda ver más fácilmente el problema e identificar más fácilmente su papel para ayudar a resolverlo. (Todo esto se remonta a lo que hemos discutido en la sección sobre proyectar la visión).

Una afirmación en "proporción "

Por ejemplo: "Queremos erradicar la crisis de acogimiento familiar en nuestra ciudad" no es una visión. Suena bien y noble, pero no dibuja un panorama claro para la gente. Es demasiado grande, pesada y carece de dirección. La persona promedio se doblaría bajo el peso de una afirmación como esta. Hay que ponerla en proporción. Tal vez algo como esto: "Nuestro condado necesita 60 familias de acogimiento familiar más; queremos que 30 de ellas provengan de nuestra iglesia en el próximo año. Y así es como lo vamos a hacer." O, "Hay 14 niños en nuestro condado esperando ser adoptados; queremos que nuestra iglesia reduzca esta cifra a cero este año. Y así es como lo vamos a hacer." Eso es claro y audaz, pero más manejable, accionable y alcanzable. La gente puede entender este tipo de visión.

Hágalo personal

Esto también se aplica a la forma en que usted desafía a su gente personalmente. Crear conciencia sobre los 143 millones de huérfanos que hay en el mundo sin una aplicación personal tangible podría no ser el enfoque más eficaz. Tal vez sea mucho más realista — y más desafiante en lo personal — no enfocarse en cambiar el mundo de todos los niños, sino enfocarse en cómo cada individuo puede cambiar el mundo de al menos uno de ellos. Todos podemos hacer algo para cambiar el mundo de al menos uno. Una visión clara en proporción es mucho más difícil de descartar.

PREGUNTAS A CONSIDERAR

❓ ¿De qué manera está ayudando su mensaje actual a "reducir el problema" para su gente, dándoles información clara, tangible y relacionable sobre la cual actuar?

❓ ¿De qué manera su mensaje actual está funcionando de forma contraproducente — abrumando y tal vez paralizando a la gente para que no actúe?

❓ ¿Qué cosas específicas de su mensaje usted puede cambiar para que éste sea más fácil de relacionar y ponerlo en práctica para su gente?

❓ ¿Qué información necesita recopilar (es decir, estadísticas más pequeñas a nivel local o global, necesidades específicas que se puedan satisfacer en la comunidad, etc.) que se pueda incorporar en su mensaje?

2. AYUDE A CRECER A SU GENTE

" " *18 Jesús se acercó a ellos y les habló diciendo: "Toda autoridad me ha sido dada en el cielo y en la tierra. 19 Por tanto, vayan y hagan discípulos de todas las naciones, bautizándolos en el nombre del Padre, del Hijo y del Espíritu Santo, 20 y enseñándoles que guarden todas las cosas que les he mandado. –Mateo 28:18-20a*

No estamos simplemente reclutando personas para satisfacer una necesidad; estamos discipulándolas para que obedezcan un mandato.

Hace muchos años, mientras trabajaba con estudiantes de secundaria y bachillerato, un mentor mío hablaba con nuestro personal sobre la visión de nuestro ministerio. En referencia a los estudiantes de nuestra ciudad, dijo: "Con lo que los traigamos no será necesariamente con lo que los mantengamos". Queríamos que nuestro ministerio con los estudiantes tuviera como base una sólida enseñanza bíblica, relaciones auténticas y vivir juntos en misión — no entretenimiento. Por supuesto que íbamos a divertirnos juntos, pero lo principal que sosteníamos frente a los estudiantes cada semana no era cuán entretenido era nuestro ministerio para ellos, sino cuán significativo y valioso era para ellos.

Si los atraíamos con entretenimiento y esperábamos mantenerlos con eso, ¿qué ocurriría cuando ya no se entretuvieran con nosotros, o cuando algo más adelante se volviera más entretenido que nosotros? Nuestra capacidad de entretener puede haber tenido la capacidad de atraerlos, pero sabíamos que no tendría el poder de mantenerlos allí. Tiene que haber algo más.

No estamos simplemente reclutando personas para satisfacer una necesidad; estamos discipulándolas para que obedezcan un mandato.

———————————

Si la enseñanza bíblica sólida y las relaciones profundas y enriquecedoras son lo que impulsa los valores del ministerio, entonces incluso cuando la vida es dura o poco entretenida — sin importar las circunstancias por las que estuvieran pasando estos estudiantes — la verdad de la Palabra de Dios y las relaciones afectuosas y significativas los mantendrían conectados. Ahí es donde volcamos la mayor parte de nuestros esfuerzos. Esto es con lo que queríamos mantenerlos. Así que nos divertíamos, jugábamos a juegos locos, íbamos de viaje y nos asegurábamos de que los estudiantes supieran que seguir a Jesús es divertido... pero todo eso era con el propósito de conectarlos con algo más duradero.

¿CON QUÉ LOS ATRAE?

De manera contraintuitiva, el objetivo de nuestro ministerio no es reclutar más familias de manera más rápida, sino discipular a las familias adecuadas por más tiempo. Así es como "ayudamos a crecer a la gente" — a través del discipulado. No los atraemos con lo abrumadora que es la "necesidad" y esperamos que se queden con ella, sino que los ayudamos a crecer en el evangelio y los capacitamos para que actúen ante la necesidad que tienen delante. Aunque la necesidad sea abrumadora, en última instancia es el evangelio el que obliga y sostiene a largo plazo.

Obviamente, Dios no se opone a que satisfagamos necesidades. Una y otra vez en las Escrituras Él reitera la importancia de satisfacer las necesidades de los que nos rodean:

❝❞ *4 Hermanos míos, si alguno dice que tiene fe y no tiene obras, ¿de qué sirve? ¿Puede acaso su fe salvarle? 15 Si un hermano o una hermana están desnudos y les falta la comida diaria, 16 y alguno de ustedes les dice: "Vayan en paz, caliéntense y sáciense" pero no les da lo necesario para el cuerpo, ¿de qué sirve?* –Santiago 2:14-16

❝❞ *17 Pero el que tiene bienes de este mundo y ve que su hermano padece necesidad y le cierra su corazón, ¿cómo morará el amor de Dios en él?* –1 Juan 3:17

La Escritura es clara: Los discípulos — aquellos que afirman "tener fe" y tener "el amor de Dios" en ellos — satisfacen las necesidades. Eso es lo que hacen los discípulos. Es posible motivar a la gente a satisfacer las necesidades de los demás sin convertirse en discípulos de Jesús. Sin embargo, es imposible ser discípulo de Jesús y no satisfacer necesidades. Es lo que hacen los discípulos.

BASADO EN LAS NECESIDADES VS. MOTIVADO POR EL EVANGELIO

Si principalmente estamos trayendo gente con lo abrumadora que es la necesidad, necesitaremos mantenerlos con esa necesidad. Sin embargo, el problema ocurre cuando la necesidad se vuelve demasiado dura, demasiado costosa y empieza a exigir demasiado. Como suele ser el caso, las personas se ven obligadas emocionalmente en el momento a satisfacer las necesidades inmediatas, lo que no siempre es algo malo, pero a veces puede resultar en que las personas no estén preparadas para permanecer comprometidas en el largo y necesario trabajo que se requiere para satisfacer plenamente la necesidad.

Y a veces, cuando su necesidad de ayuda ha sido satisfecha o la propia necesidad se ha convertido en algo demasiado grande, es probable que se desentiendan y dejen la necesidad para que la satisfaga otra persona.

Sin embargo, si estamos atrayendo a la gente principalmente a través del evangelio — ayudándolos a crecer profundamente en el discipulado y capacitándolos para vivir a través de un paradigma informado por la identidad o ser un discípulo — nuestro objetivo será mantenerlos con el evangelio. Incluso cuando la necesidad se hace difícil, pesada o costosa, el evangelio da sentido a la lucha y propósito al proceso. Les recuerda que su trabajo vale la pena. Los mantiene comprometidos.

El poder sustentador y refrescante del evangelio tiene mayor capacidad para "mantener" a las personas comprometidas con la necesidad. Así que las atraemos con el evangelio, y lo mantenemos siempre delante de ellos mientras satisfacen las necesidades. El evangelio es tanto a) aquello con lo que atraemos a la gente y b) aquello con lo que la mantenemos.

DOS PILARES DEL MINISTERIO
En términos generales, piense en su ministerio como dos "pilares" primarios que responden en última instancia a dos preguntas primarias: 1) ¿Con qué estamos atrayendo a la gente a este ministerio inicialmente? ¿con la motivación? Y, 2) ¿con qué los estamos apoyando posteriormente?

MOTIVACIÓN INICIAL **APOYO POSTERIOR**

MOTIVACIÓN INICIAL
El evangelio nos obliga a hablar en nombre del bien y defender a los que no pueden hablar ni defenderse por sí mismos — porque eso es exactamente lo que Dios ha hecho por nosotros a través de Jesús. Como hemos discutido, es nuestro "por qué".

No motivamos a nuestra gente a esto con la esperanza del evangelio y luego los dejamos sin esperanza cuando el viaje se pone difícil. En cambio, les recordamos que el mismo evangelio que los impulsó también les proporcionará la esperanza que necesitan para sostenerse.

APOYO POSTERIOR

Los padres de acogimiento familiar y adoptivos necesitan apoyo, pero el tipo de apoyo que necesitan es variado y llegará a través de un conjunto dinámico de medios — los cuales todos son críticos, pero ninguno de los cuales es, en última instancia, suficiente por sí solo.

CUATRO VÍAS ESENCIALES DE APOYO

1. TANGIBLE

Las familias que abren sus hogares al acogimiento familiar y/o a la adopción tal vez necesiten una variedad de artículos prácticos — como comidas entregadas a domicilio, suministros para bebés, muebles, ayuda con el transporte, etc. Aunque esta lista ciertamente no es limitada, he aquí ocho maneras sencillas, únicas y diversas en que su iglesia puede servir tangiblemente a las familias de acogimiento y adoptivas:

Organizar un Calendario de Comidas

Es una práctica bastante habitual que los grupos pequeños, los grupos de apoyo, los ministerios de las damas, etc. organicen un calendario de comidas para una familia cuando nace un nuevo bebé. Hagan lo mismo para una familia de acogimiento cuando un nuevo niño llega a su casa.

Programar el Cuidado del Jardín

Hagan todo lo posible para aliviarle a la familia cualquier carga que puedan — como organizar un equipo de personas en la iglesia que se turnen para cortar el pasto de las familias de acogimiento mientras tienen a los niños en sus casas.

Certificar Niñeras

Es ilegal dejar a un niño de acogimiento familiar con una niñera que (en la mayoría de los casos) no tenga el certificado de RCP y verificación de antecedentes. Esto significa que la mayoría de las familias tienen dificultades para encontrar niñeras. Organicen clases de certificación de RCP en la iglesia. ¡Tengan niñeras listas para las familias!

Realizar Ceremonias de Dedicación

La mayoría de las iglesias celebran ceremonias de dedicación de padres e hijos durante el año. Hagan lo mismo con las familias de acogimiento. Cuando traigan una nueva colocación oren por ellos frente a la iglesia y hagan que el cuerpo de Cristo se comprometa a apoyarlos.

Proporcionar Niñeras Para Una Cita

Una vez al trimestre o cada semestre (o incluso una vez al mes) la iglesia puede contratar niñeras certificadas para un viernes o sábado por la noche y dar a las familias de acogimiento de la iglesia y la comunidad (una pista: ¡oportunidad para servir a la comunidad!) la oportunidad de tener una cita.

Entregar Paquetes de Ayuda

La mayoría de las colocaciones ocurren con poca o ninguna antelación. A menudo en cuestión de horas. Tenga cosas como pañales, tarjetas de regalo, suministros para bebés y otras necesidades listas para llevar a una familia inmediatamente después de recibir a un niño.

Abastecer una Despensa de Suministros

Junto con los paquetes de ayuda, elabore una despensa de suministros que almacene artículos como pañales, cunas, cochecitos, asientos de niños para el carro, artículos para bebés, bicicletas y otras cosas que las familias tal vez necesiten inmediatamente después de la colocación de un niño.

Conformar un Equipo de Respiro

Las niñeras certificadas pueden cuidar a un niño durante un breve periodo de tiempo (generalmente menos de 48 horas). Cuando se necesitan descansos prolongados o los planes de viaje lo exigen, se necesitan cuidadores de relevo. Estos son extremadamente difíciles de encontrar. ¡Tenga preparado un equipo en su iglesia!

2. RELACIONAL

Los padres de acogimiento familiar y adoptivos se enfrentan a una serie de circunstancias únicas y experimentan una variedad de emociones con las que pocos fuera de la comunidad de acogimiento familiar y adopción pueden identificarse. Proporciónenles un lugar donde conectarse, compartir experiencias y animarse unos a otros. Recuérdenles que "no están solos" en este viaje que a veces puede resultar muy solitario y aislante.

3. EDUCATIVO

Asimismo, busquen formas de proporcionar capacitación continua a los padres que abren sus hogares a niños procedentes de lugares difíciles. Ya sea que se trate de una clase de capacitación mensual sobre atención informada sobre el impacto del trauma, una serie de videos, libros, seminarios web o incluso la asistencia a conferencias sobre el tema, sea constante en poner información útil delante de sus familias que están amando a niños que han sido acribillados por los efectos del trauma en sus vidas.

4. ESPIRITUAL

El evangelio sostiene a su gente en el proceso de cuidar a los niños y a las familias y refresca sus almas cuando están cansados. Proporciona perspectiva a través de las dificultades y luchas y les recuerda su "por qué" en todo momento. A medida que puedan ayudarlos a conectarse regularmente, continúen proporcionándoles la oración y el apoyo espiritual que necesitan para continuar en este viaje de una manera saludable, sostenible y centrada en el evangelio.

Consideren cómo el apoyo posterior que su iglesia está proporcionando a las familias de acogimiento y adoptivas puede, en cierta capacidad, incorporar estos cuatro elementos — tangibles, relacionales, educativos y espirituales — en un sistema cohesivo. Tal vez se trate de una reunión mensual, un grupo de apoyo, un grupo privado de Facebook, una cadena de boletines por correo electrónico, "salidas nocturnas" periódicas para madres, padres, maridos y esposas. De nuevo, sea creativo y coherente.

También podría significar trabajar en colaboración con otras iglesias, agencias u organizaciones de su zona. Si su iglesia tiene unas pocas familias, quizá no esté preparada para ofrecer todo un conjunto de ayuda integral, pero tal vez asociarse con otra iglesia que tenga unas pocas familias más y con otra iglesia que tenga unas cuantas más conduciría a un esfuerzo de colaboración fuerte y más sólido para apoyar a todas sus familias juntas mejor de lo que podrían haberlo hecho por separado.

El apoyo posterior es crucial. Cuando las familias se sienten apoyadas por su iglesia y la comunidad de personas que las rodean, su capacidad para perseverar y prosperar en el proceso de acogimiento familiar o adopción aumenta exponencialmente.

3. TRACE EL CAMINO

Como ya hemos discutido, el aumento de la claridad disminuye la ansiedad — no sólo en la forma de comunicar su visión, sino también en los "próximos pasos" accionables que usted proporciona a su gente. ¿Hacia dónde va su ministerio? ¿Cómo lo conseguirá? ¿Cuáles son los pasos que la gente necesita dar?

¿Con quién deben hablar si tienen preguntas? ¿Adónde deben ir si desean más información?

Estas preguntas, y muchas otras como ellas, son preguntas relacionadas con el "camino". Son direccionales y tangibles — le dicen a la gente a dónde ir y les dan los recursos que necesitan para llegar allí.

El liderazgo no es sólo decir a la gente adónde ir, es darles lo que necesitan para tener éxito en el camino.

¿Están claras para su gente las respuestas a las preguntas sobre su "camino"? Si no es así, un "camino" claramente definido será esencial para ayudar a su gente a saber hacia dónde se dirige el ministerio y cómo involucrarse.

IDENTIFICAR SU CAMINO

En este momento, es probable que su ministerio opere en uno de dos entornos diferentes:

"De Arriba Hacia Abajo"

El liderazgo de la iglesia está impulsando la visión y la implementación del ministerio, ya sea exclusivamente o en estrecha colaboración con líderes laicos/voluntarios. Los recursos de la iglesia, como el tiempo en el escenario y las finanzas, se utilizan para la promoción, la concientización y el compromiso.

"De Abajo Hacia Arriba"

El liderazgo de la iglesia no está "a bordo" con el ministerio, o lo apoya en principio pero no en la práctica. Se asignan pocos recursos de la iglesia, si es que hay alguno, para apoyar el ministerio. Se impulsa en gran medida a través de defensores apasionados.

El primer paso para trazar un camino claro es identificar cuál es su punto de partida: ¿Trabaja actualmente en una cultura "de arriba hacia abajo" o en una cultura "de abajo hacia arriba"?

UN CAMINO "DE ARRIBA HACIA ABAJO"

Un camino claro "de arriba hacia abajo" comienza a lo grande y mueve a las personas hacia niveles más pequeños de comunidad y discipulado donde pueden encontrar conexión, apoyo y claridad a medida que identifican su papel y dan los siguientes pasos.

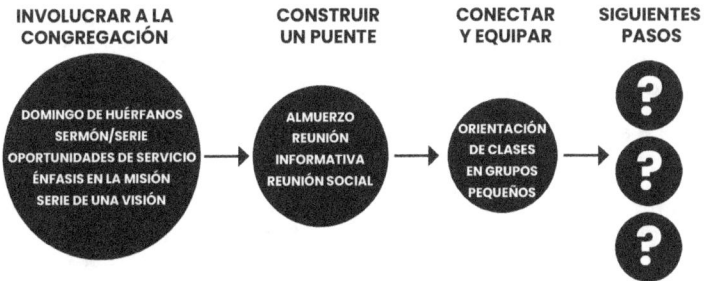

INVOLUCRAR A LA CONGREGACIÓN
DOMINGO DE HUÉRFANOS
SERMÓN/SERIE
OPORTUNIDADES DE SERVICIO
ÉNFASIS EN LA MISIÓN
SERIE DE UNA VISIÓN

CONSTRUIR UN PUENTE
ALMUERZO
REUNIÓN
INFORMATIVA
REUNIÓN SOCIAL

CONECTAR Y EQUIPAR
ORIENTACIÓN
DE CLASES
EN GRUPOS
PEQUEÑOS

SIGUIENTES PASOS
?
?
?

SU ESTRATEGIA PODRÍA INCLUIR:

Reconocer el Domingo de los Huérfanos, o predicar un sermón sobre el corazón de Dios para los vulnerables y huérfanos. (involucrar a la congregación)

Organizar un almuerzo de seguimiento o una reunión informativa donde la gente pueda conectarse, escuchar la visión y aprender más. (Construir un puente). Consulte la sección "Construir un evento puente" anterior en el libro.

Facilitar una clase o un pequeño grupo de estudio construyendo un marco teológico, estableciendo expectativas realistas e identificando los siguientes pasos (conectar y equipar).

Conectar a las personas con sus "próximos pasos". Los ejemplos incluyen una agencia local de acogimiento familiar, una agencia de adopción, un coordinador del equipo de apoyo, etc. (dé los siguientes pasos).

Principios Clave:
No ponga en marcha una etapa sin tener planificado el siguiente paso (por ejemplo: involucrar a la congregación en el Domingo de los Huérfanos y estar preparado para anunciar el evento "Puente" — quizás un almuerzo informativo - inmediatamente).

Este ritmo de cuatro etapas puede convertirse en un proceso de compromiso constante en la iglesia, tal vez comenzando una vez al año, luego dos veces al año y después una vez al trimestre.

Al igual que con la consejería prematrimonial, guiamos a las parejas a través de un proceso antes del día de la boda. Del mismo modo, antes de poner en contacto a las familias con agencias externas, considere la importancia de acompañarlas en este proceso de conexión y equipamiento.

En él puede ayudarles a entender más profundamente el corazón de Dios para esto, a identificar con más confianza su papel en ello, a establecer de forma más realista las expectativas de cómo va a ser y a brindarles más eficazmente de los recursos y la ayuda que necesitarán para prosperar. Eso es lo que hacemos con las parejas de novios antes de hacer un pacto de por vida el día de su boda. ¿Por qué no hacer lo mismo con las familias que se preparan para hacer un pacto de por vida con un niño y el proceso requerido para cuidar a ese niño?

UN CAMINO "DE ABAJO HACIA ARRIBA"
Un camino claro "de abajo hacia arriba" comienza con los cimientos de la comunidad. Funciona para construir la comunidad entre los que ya participan antes de iniciar un ministerio para involucrar a más. El objetivo es identificar qué cultura existe ya en su iglesia, quién está ya involucrado y cómo puede construirse el ministerio para servirles y apoyarlos mejor. A partir de ahí, se amplía el ministerio. Ver la sección "Allanar el camino" anterior en el libro.

| ? ? ? | CONECTAR A LOS INVOLUCRADOS → | INVITAR A LOS INTERESADOS → | ACERCARSE AL LIDERAZGO |

VER "ALLANAR LOS CAMINOS"   VER "CREAR CÍRCULOS MÁS PEQUEÑOS"

Su estrategia podría incluir:
Identificar quién en la iglesia está o ha estado involucrado en el acogimiento familiar y la adopción de alguna manera e invitarlos a una reunión social (conectar a los involucrados).

Con el tiempo, empiece a ampliar el círculo invitando a quienes hayan expresado interés en participar (invitar a los interesados).

Eventualmente, empiece a acercarse a los líderes de la iglesia con un modelo probado y un plan realista y estratégico para avanzar (acercarse al liderazgo).

Principios clave:
Pregunte: "¿Cuándo fue la última vez que tuvimos juntos en nuestra iglesia a todos los que acogen/adoptan o han acogido/adoptado en la sala juntos?". Si la respuesta es nunca, empiece por ahí.

La legitimidad de su ministerio no se ve comprometida por el hecho de que no esté dirigido desde arriba; simplemente significa que la trayectoria de su ministerio se verá diferente.

Casi todas las personas involucradas han tenido a alguien que les ha expresado interés de alguna manera. Ejemplos: "Siempre he querido hacer eso" o "Mi esposo y yo hemos estado orando sobre eso". Invítelos a la siguiente fase de su comunidad.

Acérquese al liderazgo de su iglesia con una sólida prueba de concepto para el ministerio (basada en la comunidad que ha formado). Demuestre el trabajo que ya ha hecho, no todo el trabajo que les están pidiendo que hagan.

6

CONSTRUIR UN CANAL DE DISCIPULADO

El discipulado no es un evento, es un proceso. Es un largo camino, algunas veces lento y a veces es una travesía tumultuosa en constante movimiento — desde donde estamos hasta donde necesitamos o queremos o esperamos estar. El discipulado hacia una meta o visión no ocurre porque sí— sino que requiere intencionalidad, propósito y planificación.

A menudo, cuando pensamos en el ministerio de Jesús, nos apresuramos a recordar algunas de las cosas más obvias que Él hizo — Él predicó, Él sanó, Él hizo milagros — y tendemos a pasar por alto una de las cosas más fundamentales, pero sutiles — Él discipuló. Él viajó junto a 12 hombres durante años, enseñándoles, amándolos, equipándolos e incluso viéndolos dar un paso adelante y dos pasos atrás a veces. Uno de los pilares del ministerio de Jesús era el discipulado — el proceso de transformar a pescadores de peces para que sean "pescadores de hombres". (Mateo 4:19)

Como hemos discutido anteriormente, el objetivo de su ministerio no es simplemente reclutar a más personas para satisfacer una necesidad, es discipular a más personas para que obedezcan un mandato. Pero, ¿cómo lo hacemos? ¿Qué elementos de movimiento son cruciales para establecer un proceso eficaz y sostenible que impulse a nuestra gente a cuidar de los vulnerables y huérfanos o a apoyar a quienes lo hacen?

En esta sección exploraremos cinco elementos del movimiento sostenible. Usted puede utilizarlos y contextualizarlos como una estructura de discipulado en su propia iglesia. Incluyen...

CINCO ELEMENTOS DE UN MOVIMIENTO SOSTENIBLE

1. UTILIZAR LO EXISTENTE
Las respuestas de lo que necesita se encuentran a menudo en las cosas que ya tiene.

2. ESTABLECER MICRO OBJETIVOS
Establezca objetivos lo suficientemente pequeños como para alcanzarlos, pero lo suficientemente significativos como para esforzarse para alcanzarlos.

3. REALIZAR PEQUEÑOS EXPERIMENTOS
A veces el mayor objetivo de algo no es el éxito, sino el aprendizaje.

4. ANALIZAR LO QUE ESTÁ ESPERANDO
Establecer medidas sobre rendir cuentas para los objetivos y las acciones.

5. CELEBRAR LOS ÉXITOS
Crear una cultura que reconozca, refuerce y recompense los "triunfos".

ELEMENTO #1 UTILIZAR LO EXISTENTE

Idea principal: Use lo que tiene.

" *34 Todo esto habló Jesús en parábolas a las multitudes y sin parábolas no les hablaba,* -Mateo 13:34

EL MINISTERIO DE JESÚS
La brillantez del estilo de enseñanza de Jesús se encontraba no sólo en el mensaje que Él transmitía, sino también en la forma en que Él lo hacía. Utilizaba lo que tenía, a menudo recurriendo a parábolas — historias sencillas que transmitían mensajes profundos — para ilustrar cosas con las que Él sabía que su audiencia podría identificarse. Imágenes como una mujer horneando pan (Lucas 13:20), un grano de mostaza (Mateo 13:31-32), referencias a ovejas y cabras (Mateo 25:31-41), etc. Jesús utilizó "lo existente" a su alrededor como el canal a través del cual cambiaría la vida de las personas.

Lo hizo también de otras maneras — escupiendo en la tierra para crear barro que devolviera la vista a un ciego (Juan 9:1-12), partiendo un pan para ilustrar Su inminente sacrificio en la Cruz (Mateo 26:26), instruyendo a los pescadores para que echaran sus redes para mostrar Su poder (Juan 21:6). Estas eran cosas ya existentes y disponibles para que Él las usara en Su ministerio. ¿Qué recursos, estructuras ministeriales, programas y herramientas tiene ya su iglesia que puedan ser utilizados en este ministerio? En lugar de crear algo nuevo, ¿de qué forma puede usted "utilizar lo existente"?

CORREGIR SUPOSICIONES ERRÓNEAS

A menudo se asume que, para lanzar nuevos ministerios en una iglesia, hay que poner en marcha nuevos programas, se deben capacitar nuevos líderes y se deben reunir nuevos recursos. Para que el ministerio sea "grande" hay que hacer cosas "grandes". Sin embargo, para un calendario ministerial ya apretado y un equipo de liderazgo disperso, la idea de iniciar muchas cosas "nuevas" puede parecer abrumadora y sencillamente imposible.

Mientras que en algunas circunstancias puede ser necesario introducir muchas cosas "nuevas" en el sistema de una iglesia para lanzar un ministerio, en otros casos las iglesias pueden descubrir que un nuevo enfoque ministerial puede introducirse a través de mecanismos "existentes" que ya están en marcha. Piénselo así...

FALSO	VERDADERO
Su iglesia necesitará añadir muchos programas nuevos para realizar bien este ministerio.	Su iglesia ya tiene muchos componentes que necesita para realizar bien este ministerio.

DESARROLLAR UNA CULTURA INTEGRADA

Los dos gráficos siguientes son ejemplos de cómo podría verse romper los silos "dentro" de su iglesia y "fuera" de su iglesia. Los ejemplos dados ciertamente no son limitados, sino meramente descriptivos de los tipos que podrían existir en su iglesia. Utilice estos gráficos como plataformas de lanzamiento para la creatividad. ¿Qué áreas "existentes" dentro y fuera de su iglesia podría utilizarse potencialmente para su ministerio de acogimiento familiar, adopción y cuidado de huérfanos?

UTILICE LO QUE EXISTE DENTRO DE SU IGLESIA

Este diagrama sugiere algunos ejemplos de actividad ministerial DENTRO de su iglesia que pueden ocurrir en asociación con su ministerio de huérfanos y vulnerables. Son un vistazo de los tipos de oportunidades que tiene su iglesia para establecer de forma más estratégica e intencionada un enfoque integrado del bienestar infantil y familiar utilizando otros programas y recursos ministeriales existentes en la iglesia.

ALABANZA / PRÉDICA
MISIONES / MINISTERIO DE ALCANCE A LA COMUNIDAD
NIÑOS
DAMAS
HUÉRFANOS Y NIÑOS VULNERABLES
GRUPOS PEQUEÑOS
HOMBRES
JÓVENES
JÓVENES ADULTOS

¿Y si el medio que Dios va a usar para introducir Su corazón por los vulnerables en su iglesia no es el púlpito, sino la plataforma existente de su ministerio de niños? Tal vez suceda a través de oportunidades y recursos diseminados a través de los niños en las manos de sus padres y sus familias en conjunto. ¿O tal vez su ministerio de grupos pequeños actuará como el vehículo principal no sólo para el discipulado inicial sino también para el apoyo posterior? Piense en las oportunidades que ya existen en su iglesia. ¿Tal vez será un poco más "inusual" de lo que pensó inicialmente, pero al final será mejor para el ministerio y para su iglesia en conjunto?

UTILIZAR LO EXISTENTE FUERA DE SU IGLESIA

Este diagrama sugiere algunos ejemplos de actividades ministeriales EXTERNAS a su iglesia que pueden ocurrir en asociación con su ministerio de huérfanos y vulnerables. Son un vistazo de los tipos de ministerios de alcance y misión en los que su iglesia probablemente ya está involucrada y que tienen una correlación directa con los temas de acogimiento familiar, adopción y cuidado de huérfanos.

PERSONAS SIN HOGAR
TRATA DE PERSONAS
APADRINAMIENTO DE NIÑOS
PRISIÓN
HUÉRFANOS Y NIÑOS VULNERABLES
MENTOREO
JÓVENES EN SITUACIÓN DE RIESGO
ORFANATO GLOBAL
PRESERVACIÓN DE LA FAMILIA

¿Qué programas o estructuras específicas existentes dentro y fuera de su iglesia puede utilizar para construir con mayor eficacia una estructura integrada de ministerio para los huérfanos y niños vulnerables?

DESARROLLAR UN MINISTERIO HOLÍSTICO

ROMPER LOS SILOS

Las iglesias tienden a quedarse en un "silo" de ministerios: "Ese de allá es el ministerio de misiones", "El de allí es ministerio de las personas sin hogar", "Ese de allá es el ministerio de atención a los huérfanos", etc. Sin embargo, en realidad, muchos de estos ministerios orientados a la justicia, la misericordia y la hospitalidad no son mutuamente excluyentes. En cierto nivel están interconectados — todos forman parte de la misma continuidad de bienestar infantil y familiar que se cruza en diferentes puntos del camino.

Por ejemplo, una iglesia podría estar profundamente involucrada en el rescate y la restauración de las víctimas de la creciente industria de la trata de personas. Este es un lugar crítico para que la Iglesia se comprometa, sin embargo, muchos lo hacen sin el conocimiento de que un porcentaje significativo de las víctimas de la trata son en realidad egresados del sistema de acogimiento familiar de los Estados Unidos. Con ese conocimiento añadido, ahora, una iglesia podría abordar de una forma más holística la totalidad del problema — no sólo para restaurar a las víctimas a través de diversos programas, sino también para evitar que más personas se conviertan en víctimas, proporcionando hogares amorosos para los niños en el sistema de acogimiento familiar en su ciudad.

Ahora, ya no es "por aquí" está el ministerio de acogimiento familiar y el ministerio de trata de personas "por allá". Los silos empiezan a romperse y surge un enfoque más holístico — uno que aborda el problema de una manera más completa, tanto restaurando a las víctimas como evitando que otros formen parte de él.

Del mismo modo, una iglesia puede estar profundamente involucrada en asuntos relacionados con las personas sin hogar, la reconciliación racial, el mentoreo, el ministerio en las prisiones, los programas globales de apadrinamiento de niños, etc. — todos los cuales, y otros, caen a lo largo de la misma continuidad de cuidado de niños vulnerables y huérfanos. Además, algunos ministerios internos dentro de la iglesia — como el ministerio de niños, el ministerio de solteros, el ministerio de jóvenes, el ministerio de jóvenes adultos, los ministerios de benevolencia, los ministerios de consejería, etc. — todos pueden ser almacenes para un ministerio de acogimiento familiar, adopción y cuidado de huérfanos. Ya no tiene que ser el ministerio de estudiantes "por aquí" y el ministerio de acogimiento familiar "por allá", sino que puede ser una red de ministerios más entrelazados y dinámicos.

EL RÍO

Imagínese que tres amigos se encuentran con un río caudaloso. Ven niños en el agua que se precipitan por los rápidos hacia una cascada. Uno de los amigos salta inmediatamente al río y empieza a sacar a todos los niños que puede. Sabiendo que hay una cascada corriente abajo, el segundo amigo corre río abajo e intenta coger a todos los niños que puede antes de que caigan por el acantilado. El tercer amigo, sin embargo, se pregunta por qué esos niños están en el río en primer lugar. Corre corriente arriba para averiguar cómo puede detenerlo. Los tres amigos corren en tres direcciones distintas, cada uno abordando puntos diferentes pero igualmente importantes del problema — hay niños en el agua y tenemos que sacarlos.

AMIGO 3 **AMIGO 1** **AMIGO 2**

LA IGLESIA

Las respuestas de estos tres amigos son una imagen poderosa con paralelismos con el ministerio de los huérfanos y los niños vulnerables que son útiles cuando consideramos y tratamos de establecer un enfoque de ministerio holístico, integral y estratégico en nuestras iglesias.

INTERVENCIÓN A MEDIO CAMINO DE LA CORRIENTE

En términos generales, el cuidado de los huérfanos en la Iglesia se ha deducido del acogimiento familiar y la adopción — a saltar en el caudaloso río del bienestar infantil a medio camino de la corriente y sacar a tantos niños tan rápido como podamos. Este es un lugar correcto y necesario para la Iglesia. Hay literalmente miles de niños en nuestro país y millones en todo el mundo que necesitan que alguien intervenga a su favor. Si no somos nosotros, ¿quién? Pero eso no es todo lo que la Iglesia puede o debe hacer. Esta perspectiva es demasiado estrecha y aislada. No considera, en primer lugar, cómo estos niños se encontraron en esta situación (corriente arriba), y cómo se ve estadísticamente la trayectoria de sus vidas (corriente abajo) si nadie interviene ahora a su favor.

RESTAURACIÓN EN LA CORRIENTE ABAJO

Es típico que las iglesias se involucren en varios tipos de esfuerzos de justicia y misericordia en corriente abajo — ya sea alimentando a las personas sin hogar, ministrando a los encarcelados o involucrándose en ministerios comprometidos con el rescate de víctimas del tráfico sexual, etc. Sin embargo, a menudo lo hacen sin una comprensión clara de cuán interconectada está la difícil situación de una variedad de personas representadas con la continuidad más amplia del bienestar infantil. Un porcentaje significativo de los varones encarcelados, de las personas sin hogar y de las niñas víctimas de la trata para la industria del sexo (corriente abajo) han pasado en algún momento de sus vidas tiempo en el sistema de acogimiento familiar (a medio camino de la corriente). Cuando se mira a través de una lente más holística y completa, encontraremos que si realmente queremos involucrarnos eficazmente en algunos de estos ministerios "corriente abajo" también debemos mirar atrás hacia la corriente arriba y considerar cómo los que necesitan restauración se encontraron en estas posiciones para empezar.

PREVENCIÓN CORRIENTE ARRIBA

Además, cuando consideramos cómo estos niños terminan en el río en primer lugar, nos damos cuenta de que antes de tener una crisis de acogimiento familiar en nuestro país tenemos una crisis de familias en crisis en nuestro país, y antes de tener una crisis de cuidado de huérfanos en nuestro mundo tenemos una crisis de familias en crisis en nuestro mundo. El cuidado de los huérfanos no consiste sólo en cuidar a los huérfanos, sino también en cuidar a las familias en crisis (corriente arriba) para evitar que sus hijos se encuentren alguna vez a medio camino de la corriente. Las preguntas deberían atormentarnos y motivarnos — ¿De dónde vienen estos niños y cómo podemos evitar que acaben en estos horribles lugares? Considere cómo su iglesia puede correr corriente arriba para hacer lo que sea necesario para evitar que los niños acaben en el río. Este es un lugar correcto y necesario — aunque sucio y difícil — en el que la Iglesia debe estar.

No sólo es esencial que su iglesia establezca un mensaje holístico de "todos podemos hacer algo", sino que es igualmente importante que empiece a dar pasos hacia el desarrollo de un enfoque holístico de cómo se está involucrando en la continuidad del bienestar infantil y familiar — desde la Prevención (desarrollada) a la Intervención (socorro) a la Restauración (rehabilitación) — de una manera equilibrada y sostenible.

El siguiente cuadro sugiere algunos ejemplos de actividades ministeriales que pueden ocurrir en cada etapa a lo largo de la continuidad. De ninguna manera estas listas son limitadas, ni abordan el hecho de que algunos ministerios pueden cubrir la totalidad del ámbito por sí mismos. Sin embargo, son un vistazo de los tipos de oportunidades que tiene su iglesia para establecer más estratégica e intencionalmente un enfoque holístico del bienestar infantil y familiar en cada punto a lo largo de la misma continuidad.

PREVENCIÓN	INTERVENCIÓN	RESTAURACIÓN
Programas de Apadrinamiento de Niños	Acogimiento Familiar	Ministerios en Prisiones
Centros de Asistencia para Embarazadas	Adopción	Ministerios para Personas Sin Hogar
Programa de Mentoreo	Apoyo al Cuidado de Huérfanos	Recuperación del Tráfico Sexual
Programas de Desarrollo Familiar	Programas de Recuperación	Programas de Transición de Vida
	Programa de Mentoreo	Servicios Educativos

↑ CULTURA INTERCONECTADA, NO MINISTERIOS AISLADOS ↑

DIFERENTES RESULTADOS DEL MISMO MINISTERIO A LO LARGO DE LA MISMA CONTINUIDAD

El objetivo ahora es poner sobre la mesa todas las actividades de su ministerio e identificar dónde, si y cómo encajan a lo largo del "río" del bienestar infantil y familiar. Si no es capaz de identificar fácilmente dónde encaja algo, tal vez sea el momento de tomar la decisión, difícil pero que vale la pena, de deshacerse de ello. Averigüe cuáles son sus puntos fuertes, sea sincero sobre cuáles son sus puntos débiles y tenga

la valentía suficiente para tomar las decisiones necesarias con el fin de involucrar de forma más eficaz y estratégica al bienestar infantil y familiar de una manera más amplia y holística — desde la prevención hasta la intervención y la restauración.

PREGUNTAS PARA CONSIDERAR

❷ ¿De qué manera el desarrollo de un enfoque holístico e integrado para su ministerio de niños huérfanos y vulnerables abre más oportunidades para que los diversos tipos de personas en su iglesia se involucren de diversas maneras?

❷ ¿Cómo refuerza su mensaje de que "todos podemos hacer algo"?

❷ ¿Cómo esto ayuda en el proceso de discipulado de su gente?

ELEMENTO #2 ESTABLECER MICRO OBJETIVOS

Idea principal: Sueñe a lo grande, dé pasos pequeños.

" " *Es mejor dar muchos pasos en la dirección correcta que dar un gran salto hacia adelante para luego tropezar hacia atrás.*
Proverbio Chino

PRÁCTICAMENTE IMPOSIBLE PASAR POR ALTO

No me gusta nada correr — en lo absoluto — pero a veces me obligo a hacer unos kilómetros por mi barrio. Aunque por lo general temo el proceso al inicio, cuando vuelvo siempre me alegro de haberlo hecho — ¡e incluso me siento un poco orgulloso!

Para hacer que la carrera sea más manejable y menos terrible, he aprendido a fijarme " micro objetivos" a lo largo del camino. Los micro objetivos son tan pequeños que es prácticamente imposible no verlos. Mis micro objetivos son los postes de la luz que de forma intermitente bordean la calle principal desde el inicio hasta que termina mi barrio. He descubierto que si me centro sólo en el objetivo más grande, digamos el marcador de las 3 millas, me resulta mucho más difícil mantener la concentración mental. Me consume la "brecha" entre donde estoy y donde quiero estar. Esa "brecha" se llena con distancia, tiempo y mucho trabajo duro. Pero si establezco pequeños micro objetivos a lo largo del camino — simplemente concentrándome en llegar al siguiente poste de luz 100 metros más adelante, acorto efectivamente la "brecha". Esto ayuda a pasar el tiempo, establece el impulso y genera confianza a lo largo del camino. Hay puntos naturales de pausa, renovación y satisfacción en cada poste de luz con el que me cruzo.

¿El ministerio es un maratón, no una carrera de velocidad?

Y aunque todos somos visionarios y vemos dónde queremos estar en última instancia, es necesario — si no crítico — establecer micro objetivos a lo largo del camino. De lo contrario, nos quemaremos en la gran brecha, nos desilusionaremos con el proceso y, quizá, lo peor de todo, perderemos la alegría que una vez tuvimos por el propósito que nos impulsó en primer lugar.

He oído decir a lo largo de mi vida en el ministerio que " El Ministerio es un maratón, no una carrera de velocidad". Desde el principio, esta imagen de palabras fue útil para mí, sirviendo a su propósito de construir una perspectiva a largo plazo de la fidelidad en el trabajo que a menudo puede ser lento para producir resultados inmediatos y satisfactorios.

Yo mismo he usado esta frase innumerables veces desafiando a líderes ministeriales, pastores, plantadores de iglesias y muchos otros a seguir adelante en el trabajo que están haciendo con un objetivo futuro en mente que demostrará que habrá valido la pena el camino recorrido para llegar hasta allí. Creía tanto en ella que incluso la imprimimos en la edición original de este libro.

Sin embargo, aunque bien-intencionada, ahora he llegado a la conclusión de que esta afirmación no sólo es inexacta, sino potencialmente destructiva.

Por un lado, el ministerio es una larga carrera en la misma dirección hacia una meta prevista, sin embargo, la imagen de "maratón" implica una carrera agotadora y continua sin puntos de parada, descanso y renovación a lo largo del camino (fuera de la ocasional estación de bebida). Puede sugerir sutilmente que el cansancio y el agotamiento son signos de compromiso y fidelidad. Que sólo los fuertes pueden sobrevivir al exigente viaje – a toda costa. Que para acabar bien sólo hay que seguir corriendo. No. Parar. De. Correr.

JESÚS DESCANSÓ

Una etapa especialmente reveladora del ministerio de Jesús se encuentra en el capítulo seis de Marcos. Su querido amigo y defensor del ministerio, Juan el Bautista, acaba de ser brutalmente decapitado por un despiadado rey. Es una tragedia devastadora

Quizás el ministerio no sea un maratón o una carrera de velocidad. Más bien, es el regimiento constante y pautado de entrenamiento a intervalos.

———

y sin sentido. En medio de esto, Sus discípulos estaban experimentando grandes victorias en el ministerio – la gente estaba siendo sanada, se estaban realizando milagros, las vidas estaban siendo cambiadas. Es en medio de esta fructífera temporada de ministerio, llena de las más duras y las más altas cumbres cuando Jesús hace una profunda invitación a sus discípulos. Él no dice: "Vamos a seguir adelante, muchachos. Sigan adelante como si nada hubiera pasado. Sigan corriendo. No. Dejen. De. Correr".

En lugar de eso, les dice: "Venid conmigo solos a un lugar tranquilo y descansad". (v.31) Jesús invita a Sus discípulos a detenerse, a sentarse, a estar quietos y renovarse. No puedo decirlo con certeza, pero me imagino que les Susurra esta invitación con una mano sobre sus hombros cuando la tristeza y la gravedad de la muerte de Juan empiezan a robarles el gozo y la emoción por todo lo que han podido ver y lograr. Con ternura, les dice: "Venid conmigo... vamos a descansar".

Hace poco oí a una mujer muy sabia describir esto como "salida estratégica" – lo que significa que es a propósito y con propósito. La tranquilidad y el descanso son estratégicos, no carecen de sentido. Están logrando algo sumamente profundo e importante, no simplemente perdiendo el tiempo y siendo improductivos.

Jesús hizo de esto un componente central de su ministerio. Está durmiendo en la popa de una barca mientras una tormenta hace estragos a Su alrededor junto con los temores de todos los que están a bordo. Él se va solo – toda la noche – a orar al Padre mientras el alba de Su muerte se acercaba pesadamente. Lucas 15:16 lo dice más clara y sucintamente: "Jesús se retiraba a menudo a lugares solitarios y oraba". Su vida y su ministerio estuvieron marcados por temporadas de intensidad y actividad puntuadas por momentos de descanso y renovación. Al principio del ministerio, mi padre me preguntó con decepción: "¿Qué arrogante eres al pensar que si no estuvieras durante un tiempo todo se vendría abajo?". Auch, gracias papá. Si a eso le añadimos el hecho de que el propio Jesús, el Único que mantiene todas las cosas unidas, consideró necesario y apropiado "no estar por aquí" a veces, quizá yo también pueda (y deba) hacerlo."

ENTRENAMIENTO A INTERVALOS

Aunque todas las ilustraciones acaban rompiéndose, quizá el ministerio podría describirse mejor como un regimiento constante y pautado de "entrenamiento a intervalos". En este tipo de entrenamiento forzamos a nuestros cuerpos durante periodos específicos de tiempo (intervalos) y luego les damos periodos de descanso y renovación pautados y rutinarios. En lo inmediato, podría ser el ritmo de 60 segundos de una carrera de velocidad seguidos de 30 segundos de caminata, luego un trote acelerado, seguida de una caminata, luego una carrera de velocidad, ciclo repetido, por ejemplo. En una escala más amplia, podrían ser semanas o meses de entrenamiento específico y centrado para un evento o un objetivo de pérdida de peso deseado, seguido de una temporada de mantenimiento, refresco y rejuvenecimiento. Cualquiera que sea el equilibrio, el objetivo es la sostenibilidad – posicionarnos para el largo plazo – no sólo la velocidad.

Esto no significa en absoluto que en esas temporadas de "salida estratégica" de descanso y renovación abandonemos nuestro compromiso hacia un objetivo, simplemente significa que empezamos a entender el descanso no como un obstáculo improductivo para el trabajo más importante, sino como un componente crucial y esencial para la sostenibilidad a largo plazo de nuestro trabajo. El descanso ES un trabajo importante. Jesús parecía pensar así.

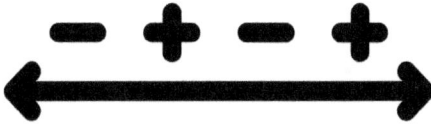

Las investigaciones demuestran que hacer "pausas" a lo largo del día cada 90-120 minutos aumenta la energía, la concentración y, en última instancia, la productividad. Esto equivale a levantarse de la mesa cada dos horas y subir unos cuantos tramos de escaleras en el edificio de oficinas para que la sangre fluya y el ritmo cardíaco aumente un poco, o tomar una taza de café y dar un paseo por la manzana o el edificio para tomar el sol y respirar aire fresco. Tal vez sea después una reunión especialmente larga e intensa con algo que le dé a su mente un respiro de lo duro y pesado – como escuchar su canción favorita, llamar a un amigo o a su cónyuge, leer otro capítulo del libro en el que está enfrascado, etc. En otras palabras, construir su día en torno a una serie de "micro objetivos" demuestra ser lo más productivo y saludable.

Tal vez el ministerio no sea un maratón o una carrera de velocidad. Más bien, es el regimiento consistente y pautado del entrenamiento a intervalos. Se trata de periodos en los que a veces se corre a velocidad, a veces se camina y a veces se trota (e incluso a veces se gatea), interrumpidos por periodos estratégicos de descanso, renovación y celebración de la fidelidad de Dios para llevarlo a usted hasta donde está. Así es como Dios diseñó nuestras vidas para rotar – dentro de un patrón cíclico de estar despiertos y activos y luego dormidos e inmóviles. Ir a la cama cada noche es un recordatorio constante del hecho de que simplemente no podemos seguir y seguir sin parar y descansar.

Así es como Dios creó el ministerio, cómo Jesús demostró que tenía que ser y, en última instancia, cómo crecemos más fuertes, nos mantenemos más sanos y nos sostenemos en el ministerio a largo plazo, tanto personalmente como líderes y como el ministerio entero– no corriendo tanto que el agotamiento y el desgaste se convierten en marcas de "nobleza" y "honor" y verdadero "sacrificio".

Eso no es sostenible, ni es útil para nadie con quien trabajamos en el ministerio o para quien trabajamos en el ministerio. Todos perdemos cuando no nos detenemos, ni descansamos, ni nos renovamos ni celebramos – cuando no alcanzamos los próximos postes de luz y no hacemos una pausa, ni respiramos profundamente ni celebramos la fidelidad de Dios para llevarnos allí. Todos ganamos cuando lo hacemos, y su ministerio será más saludable por ello.

MARCAS DE UN OBJETIVO ALCANZABLE

¿Qué tipo de objetivos debería establecer y qué aspectos particulares de sus objetivos le ayudarán a tener más probabilidades de alcanzarlos?

Usemos el acrónimo "Es.M.A.R.T"

ESPECÍFICO | ¿Dónde está el siguiente poste de luz? ¿Qué aspecto tiene?

MEDIBLE | ¿Cómo sabemos que hemos llegado al siguiente poste de luz?

ALCANZABLE | ¿Creemos que es posible llegar al siguiente poste de luz? ¿En qué nos basamos? ¿En la experiencia de haber llegado a otros postes similares? ¿Una determinación absoluta de voluntad y convicción profunda de que tenemos que llegar hasta allí?

REALISTA | ¿Qué condiciones tendrían que darse para llegar al siguiente poste de luz? ¿Existen ahora esas condiciones? Si no es así, ¿podemos crearlas?

TIEMPO | ¿Qué tiempo concreto nos damos para llegar al siguiente poste de luz?

Establecer objetivos "EsMART" significa saber dónde está la "línea de meta" e identificar los "los postes de luz" a lo largo del camino que le ayudarán a llegar allí. Es establecer un ritmo fuerte, pero saludable para el ministerio proporcionando el apoyo necesario, el aliento y la motivación que la gente necesita para soportar las "brechas" y perseverar en la alegría.

¿Cuále son los siguientes pasos que usted puede tomar que sean tan simples que serán prácticamente imposibles pasar por alto? ¿Quizá un evento en su iglesia, reconociendo este año por primera vez el Domingo del Huérfano, reclutando a algunas familias para que lleven comida a un nuevo hogar de acogimiento familiar? ¿Tal vez se trate de conseguir que 5, 10 ó 20 familias asistan a una reunion informativa sobre el acogimiento familiar y la adopción? O tal vez se trate simplemente de invitar a su casa a los miembros de su iglesia que están acogiendo o adoptando a una barbacoa para empezar a formar una comunidad entre ellos.

ESTABLECIENDO SUS MICRO OBJETIVOS

Considere la posibilidad de que su equipo ministerial participe en este sencillo ejercicio de tres partes:

1. Identifique su vision a largo plazo. ¿Cómo es la meta de la maratón para su ministerio?

2. Trace sus micro objetivos a 6, 12 y 24 meses. ¿Dónde están los postes de luz a lo largo del camino?

3. Incorpore momentos de celebración – oportunidades para recompensar y reconocer el buen trabajo que los miembros de su ministerio están haciendo, así como para señalar a la gente la fidelidad de Dios para llegar hasta allí. ¿Cómo celebrará a lo largo del camino?

VISIÓN A LARGO PLAZO

Juntos, como equipo, redacten una declaración de visión clarificadora que defina el propósito y las características de su ministerio. En otras palabras, por qué existe y qué es lo que quiere "ver" en última instancia (eso es visión… ver).

_____

_____

_____

MICRO OBJETIVOS

¿Dónde están sus postes de luz? Hágalos tan sencillos que no pueda perdérselos, y más adelante hablaremos de la importancia de celebrar esas pequeñas victorias a lo largo del camino.

6 MESES

_____

_____

12 MESES

_____

_____

24 MESES

_____

_____

CELEBRAR

Piense en formas de celebrar el buen trabajo que se está haciendo en su ministerio cada vez que llegue a otro marcador de poste de luz. Pueden ser cosas sencillas, como tarjetas de regalo para las familias que completan otra etapa de su formación en acogimiento familiar. También pueden ser cosas grandes, como cenas anuales de agradecimiento para las familias de acogimiento, las familias adoptivas, los líderes y los voluntarios que participan en el ministerio.

_____

_____

_____

ELEMENTO #3 REALIZAR PEQUEÑOS EXPERIMENTOS

Idea principal: Tome riesgos, fracase y aprenda.

**"" *No fracasé 1.000 veces; la bombilla fue un invento con 1.000 pasos.* Thomas Edison

APRENDER A FRACASAR

Thomas Edison es uno de los mayores inventores de la historia, a pesar de haber realizado 1.000 intentos fallidos de inventar la bombilla. Cuando le preguntaron: "¿Qué se siente al fracasar 1.000 veces?". Edison respondió: "No fracasé 1.000 veces". La bombilla fue un invento con 1.000 pasos". La voluntad de Thomas Edison para intentar, fracasar y aprender cambió el mundo para siempre.

Michael Jordan es considerado uno de los mejores jugadores de baloncesto de todos los tiempos. Cuando le preguntaron por su éxito, respondió: "He fallado más de 9.000 tiros en mi carrera; he perdido casi 300 partidos; 26 veces me han confiado el tiro ganador del partido … y he fallado. He fallado una y otra vez en mi vida. Por eso tengo éxito". La voluntad de Michael Jordan de intentar, fallar y aprender cambió el baloncesto para siempre.

Steve Jobs fue despedido de Apple en 1985. Varios años después retomó el timón, y en un discurso de graduación en Stanford dijo lo siguiente sobre su despido: "No lo vi entonces, pero resultó que ser despedido de Apple fue lo mejor que me podía haber pasado... Me liberó para entrar en uno de los periodos más creativos de mi vida". La voluntad de Steve Jobs de intentar, fracasar y aprender cambió para siempre la cara de la tecnología de consumo.

ESTAR DISPUESTO A "EXPERIMENTAR"

En la habitación de mi hija mayor cuelga un póster con temática de fútbol que dice: "Fallas el 100% de los tiros que no pateas". ¿El mensaje? No tenga tanto miedo a fallar, sino a nunca llegar a patear.

Lo mismo ocurre en su ministerio — no tenga tanto miedo de que algo nuevo no funcione al punto de que nunca intente nada nuevo. ¿Qué pasa si el objetivo no es simplemente el éxito (aunque por supuesto queremos que las nuevas ideas y esfuerzos ministeriales "funcionen")? ¿Qué si es más que eso? ¿Qué pasa si no "funciona" como esperaba, pero aún así usted aprende algo valioso de la experiencia que ahora puede llevar con usted en el ministerio? Tal vez eso — estar dispuesto a aprender y crecer — convierta lo que podrían parecer fracasos en éxitos de valor invaluables.

¿QUÉ ES UN "PEQUEÑO" EXPERIMENTO?

Un pequeño experimento es aquel que: a) ayuda al crecimiento del ministerio si "funciona", y b) no compromete al ministerio si no "funciona". Un "pequeño" experimento no es aquel que, si no funciona, podría crear confusión, aislamiento o desilusión entre las personas a las que se intenta involucrar.

Presentemos un estudio de caso sobre el experimento de un nuevo ministerio en una iglesia que no "funcionó":

El " Pequeño " Experimento: Organizar una reunion informativa sobre el acogimiento familiar.

Resultado: Poca asistencia.

Impacto en el ministerio en general: Mínimo. Ningún resultado positivo o negativo importante.

Lecciones aprendidas: Descubrieron que: 1) la promoción fue escasa (poca gente lo sabía) y 2) la hora de la reunión no era conveniente (a las 7:00 de una noche a media semana).

Medidas de acción: Desarrollar una campaña de promoción de un mes y programar la reunión para un domingo justo después del servicio. Proporcionar comida y cuidado de niños de forma gratuita.

Resultado del segundo evento: Mayor asistencia; impulso producido para el ministerio.

En lugar de que los líderes del ministerio pensaran que "no funcionó porque nadie en nuestra iglesia se preocupa por el acogimiento familiar", decidieron aprender de la experiencia e implementar una nueva estrategia para seguir adelante.

El objetivo de un "pequeño" experimento es aprender. Entre otras cosas, intentar cosas y fracasar puede enseñarle a usted más sobre

- las personas a las que sirve
- la cultura de su iglesia
- el entorno en el que está realizando el ministerio
- los temperamentos de liderazgo de su equipo ministerial
- la eficacia (o falta de ella) de sus comunicaciones/ promociones
- la claridad de su visión
- la claridad de su mensaje, etc.

FIDELIDAD SOBRE LOS RESULTADOS

Líder del Ministerio: Dios está más complacido por su disposición a ser fiel que preocupado por su capacidad para lograr un determinado resultado a través de ella. "¿Bien hecho, siervo bueno y *exitoso*?" No. "Bien hecho, siervo bueno y FIEL". La fidelidad es nuestro éxito, no el logro de algunos resultados que sólo Dios tiene la capacidad de producir.

Por supuesto que queremos ver medidas de salud, crecimiento e impacto en los ministerios que dirigimos, pero ¿qué pasa si nunca llegan a ser tan grandes como queremos, no tenemos tantas familias acogiendo o adoptando como esperábamos, o si nuestro pastor o los líderes de la iglesia nunca se involucran del todo? ¿Qué pasa si nuestra definición de "éxito" en el ministerio nunca se materializa? ¿Significa esto que hemos fracasado? ¿Significa que nuestro trabajo ha sido en vano? ¿Realmente vale la pena al final?

❝❞ *18 no fijando nosotros la vista en las cosas que se ven sino en las que no se ven; porque las que se ven son temporales, mientras que las que no se ven son eternas. -2 Corintios 4:18*

Puede que no lo vea ahora — puede que nunca lo vea plenamente en esta vida — pero lo que está haciendo tiene un significado eterno. Fije sus ojos allí - en la eternidad - pero sea fiel aquí, hoy, y luego mañana, y luego la próxima semana, continuando haciendo esos aportes a veces invisibles en las vidas de las personas, confiando en Dios con el resultado mientras experimentas la belleza y la lucha de caminar con Él a lo largo del viaje.

LEER HEBREOS 11:1-39

❝❞ *"29 Por la fe ellos pasaron por el mar Rojo como por tierra seca; pero cuando lo intentaron los egipcios, fueron anegados.*
30 Por la fe cayeron los muros de Jericó después de ser rodeados por siete días...32 ¿Qué más diré? Me faltaría el tiempo para contar

de Gedeón, de Barac, de Sansón, de Jefté, de David, de Samuel y de los profetas. 33 Por la fe, estos conquistaron reinos, hicieron justicia, alcanzaron promesas, taparon bocas de leones, 34 sofocaron la violencia del fuego, escaparon del filo de la espada, sacaron fuerzas de la debilidad, se hicieron poderosos en batalla y pusieron en fuga los ejércitos de los extranjeros. 35...Unos fueron torturados, sin aceptar ser rescatados, para obtener una resurrección mejor. 36 Otros recibieron pruebas de burlas y de azotes, además de cadenas y cárcel. 37 Fueron apedreados, aserrados, puestos a prueba[a], muertos a espada. Anduvieron de un lado para otro cubiertos de pieles de ovejas y de cabras; pobres, angustiados, maltratados. 38 El mundo no era digno de ellos. Andaban errantes por los desiertos, por las montañas, por las cuevas y por las cavernas de la tierra. 39 Y todos estos, aunque recibieron buen testimonio por la fe..." –Hebreos 11:29-30; 32-34; 35b-39a

V.1-35A	V.35	V.35B-38
FE PRODUCIDA... PRESERVERANCIA VICTORIA EN LAS BATALLAS LIBERTAD ETC		FE PRODUCIDA... PERSECUCIÓN CAUTIVERIO MUERTE ETC

V.39

"TODOS ELLOS FUERON ELOGIADOS POR SU FE"

Observe el cambio que ocurre en el v.35. Vemos cómo la fe puede producir resultados significativamente diferentes. Algunos experimentaron grandes victorias, mientras que otros atravesaron tragedias horribles. En todo esto, Dios estaba complacido por su fidelidad y menos preocupado por los resultados que su fe producía.

PREGUNTAS PARA CONSIDERAR

- ¿Ha intentado algo en su ministerio que no "funcionó" como esperaba? ¿Cómo se sintió al principio? ¿Qué aprendió de esa experiencia acerca de su liderazgo y del ministerio?

- ¿Qué es lo que ha estado considerando hacer en el ministerio, pero por una razón u otra ha tenido miedo de intentarlo? ¿Cómo puede utilizarlo como un "pequeño" experimento para su ministerio?

- Qué esperanza encuentra como líder ministerial en el hecho de que "Dios está más complacido por su voluntad de ser fiel que preocupado por su capacidad de lograr un determinado resultado a través de ella"? ¿Cómo se aplica directamente esta verdad a su rol actual de líder ministerial?

ELEMENTO #4 ANALIZAR LO QUE ESTÁ ESPERANDO

Idea principal: Si no lo enfrenta, lo respalda.

" 22 Donde no hay consulta los planes se frustran, pero con multitud de consejeros se realizan. -Proverbios 15:22

ALGO MÁS QUE RENDIR CUENTAS

Si usted es padre, es probable que haya pasado por una versión de esta situación: Le dice a su hijo que limpie su habitación. Algún tiempo después, usted entra y comprueba que la habitación parece estar limpia. Tras una inspección más detallada, usted descubre que la habitación no estaba limpia en lo absoluto. Todo lo que había en el suelo ha sido cambiado de sitio, metido debajo de la cama o escondido en un rincón del armario.

Le dice: "Te dije que limpiaras tu habitación". Él responde: "Lo hice". Entonces usted se encuentra con que tiene que definir lo que quería decir con "limpiar tu habitación" —¡probablemente por enésima vez!

Este es un clásico caso de "inspeccionar lo que espera". Usted esperaba una sala limpia, así que la inspeccionó para determinar si la tarea se había completado, pero no sólo completado — sino completado correctamente. Este no es un proceso poco común en la vida — estamos sujetos a ciertas expectativas y estructuras establecidas para determinar si se están produciendo los resultados previstos.

Es más que solo rendir cuentas — ¿completó la tarea? Es la medición — ¿El cumplimiento de la tarea produjo los mejores resultados posibles?

¿Se contradice esto con lo que acabamos de discutir en la sección anterior sobre "la fidelidad sobre los resultados"? De ninguna manera. Se trata de un compromiso para hacer nuestro mejor trabajo y administrar bien los recursos y las oportunidades que Dios nos ha dado — todo mientras confiamos en que, al final, al plantar nuestras mejores semillas Él será en última instancia el que haga crecer el fruto. (1 Corintios 3:6)

MEDIR LOS RESULTADOS

Todo ministerio quiere ser tan eficaz como sea posible. La medición de resultados le ayudará a saber si el suyo lo es. Con la información que recopile, podrá determinar qué actividades debe continuar y desarrollar y cuáles debe cambiar para mejorar la eficacia de su estrategia. Hay varias razones convincentes para medir los resultados:

Determinar la eficacia de un recurso, programa o evento.
¿Cómo sabe si un programa de su ministerio es eficaz? Si no lo es, ¿le gustaría saberlo para poder mejorarlo? ¿Cómo sabe si las personas se están involucrando con un recurso, como un Estudio Bíblico o una currícula, que usted ha decidido utilizar en su ministerio? Si no les gusta, ¿le gustaría saberlo para encontrar algo diferente? ¿Cómo sabe si las personas que asistieron a un evento que usted organizó consideraron que fue un uso valioso de su tiempo? Si no fue así, ¿le gustaría saberlo para poder mejorarlo la próxima vez?

Identificar las prácticas más eficaces.
Con la información y los comentarios que recopile, podrá determinar qué actividades, recursos o programas continuar y desarrollar, cuáles continuar pero modificar y cuáles dejar de hacer por completo.

Reforzar la claridad y el consenso en torno a la visión de su ministerio.
Todos los miembros de su ministerio, desde el equipo hasta los líderes y los voluntarios, deben comprender lo que está ocurriendo en el ministerio y lo que se pretende conseguir en última instancia. Inspeccionar lo que se espera midiendo los resultados, analizándolos e identificando las mejores prácticas para avanzar ayuda a clarificar la visión, los próximos pasos y los objetivos para el equipo.

LA PRUEBA DEL "¿Y QUÉ?

Los resultados preguntan y responden a la pregunta: "¿Y qué?". Entonces, ¿qué pasa si 20 familias asisten a un grupo de apoyo para padres de acogimiento familiar? ¿Se fueron más animados y conectados que cuando llegaron?

¿Qué pasa si 30 personas asisten a un curso de formación para padres sobre traumas? ¿Salieron de allí con los recursos necesarios para ayudarles a ser mejores padres? ¿Y en realidad están criando mejor a sus hijos gracias a ello?

¿Qué pasa si su equipo trabaja con cinco organizaciones locales en una alianza de colaboración? ¿Realmente esas alianzas siguen adelante en sus esfuerzos por hacer más y mejor trabajo juntos del que podrían hacer por separado?

La prueba del "y qué" no pretende ser una acusación, sino en realidad un estímulo. Es una prueba de fuego que se puede aplicar a todas las facetas del ministerio para ayudarle a determinar si el tiempo, la energía y los recursos que está invirtiendo están produciendo los resultados que desea.

SI NO LO ENFRENTA, LO RESPALDA
Es como salir a cortar el césped en un caluroso día de verano y llegar al final, sólo para descubrir que el motor estaba en marcha

pero la cuchilla no giraba. ¡Qué desalentador sería eso! Todo ese trabajo invertido sólo para darse cuenta de que no estaba haciendo lo que usted pensaba. Eso es lo que hace la prueba del "y qué" — reconoce que si no se enfrenta el problema, en última instancia respaldan las prácticas que lo produjeron. Entonces, ¿qué si usted está trabajando duro para empujar esa cortadora de césped a 100°F grados (40°C aprox.) de temperatura? "Asegurémonos de que la cuchilla gira para que la hierba se corte de verdad". El objetivo es asegurarse de que su ministerio respalda las prácticas más eficaces con los mejores resultados posibles.

PREGUNTAS ORIENTADAS A LOS RESULTADOS

Las principales preguntas que se enfrentan en las mediciones de resultados son:

¿Qué ha cambiado en la vida de las personas, las familias, los niños y la comunidad como resultado de nuestro ministerio?
¿Cómo ha marcado la diferencia este programa, evento o recurso?
¿Cómo han mejorado las vidas de quienes participan en nuestro ministerio como resultado de nuestro trabajo?

Los resultados no se miden simplemente "numéricamente" — es decir, ¿cuántas personas asistieron al evento? - sino que, en última instancia, se determinan "transformacionalmente" — ¿Cómo está cambiando este evento, recurso o programa la vida de las personas de nuestro ministerio?

RETROALIMENTACIÓN Y ENCUESTAS

A continuación, encontrará ejemplos de retroalimentación y declaraciones del formulario de la encuesta y preguntas. ¿Qué otros puede usted pensar que serían útiles para su ministerio?

DECLARACIONES

(En la escala del 1-5 donde "1 — totalmente en desacuerdo" al "5 — totalmente de acuerdo")

Salí mejor equipado para la adopción, el acogimiento familiar y/o el ministerio global de huérfanos gracias a este evento, programa, recurso... Recomendaría este evento/recurso/programa a un amigo.

Voy a incorporar en mi vida lo que he aprendido de este material.

PREGUNTAS

❶ ¿Qué contenido o ideas le gustaría que se incluyeran la próxima vez? ¿Es probable que vuelva a asistir a este evento en el futuro?

❷ ¿Recomendaría este Estudio Bíblico, currículo o recurso a un amigo?

❸ ¿Qué fue lo que más le impactó de este evento, programa o recurso?

LA RELEVANCIA POR ENCIMA DEL TAMAÑO

Medir los resultados a través de estos lentes le recuerda a su equipo esta simple verdad: El éxito de su ministerio no está determinado por su tamaño, sino por su relevancia en las vidas de aquellos a quienes está sirviendo. Se trata de administrar a los que Dios le ha confiado de la manera más eficaz posible — ya sean 200 personas, 20 o 2. Y de nuevo, al final del día la fidelidad es nuestro éxito, pero ciertamente queremos hacer lo mejor que podamos con lo que Dios nos ha confiado mientras tanto.

PREGUNTAS A CONSIDERAR

Aquí tiene algunas preguntas y conceptos para que su equipo de liderazgo considere la necesidad de medir los resultados y la eficacia de su ministerio:

- ¿Qué mecanismos de medición de resultados tiene en marcha para su ministerio? ¿Encuestas? ¿Formularios de retroalimentación?

- Si no dispone de ninguno, ¿qué pasos puede dar para empezar a implementar oportunidades para que la gente dé su opinión con el fin de aprender y mejorar para la próxima vez?

- La mayor parte del tiempo y la energía se centran en la planificación y ejecución de eventos y programas. ¿Cómo puede su liderazgo establecer el tercer componente crítico — evaluación final — en todo lo que hace? ¿Cómo se revisará esa información entre el equipo para ayudar a crear un consenso y compromiso con una visión unificada en el futuro?

ELEMENTO #5 CELEBRAR LOS ÉXITOS

Idea principal: Recompensar las "victorias".

" 22 Donde no hay consulta los planes se frustran, pero con multitud de consejeros se realizan. -Proverbios 15:22

LA SENCILLEZ DE UNA TARJETA REGALO

La organización más saludable de la que he formado parte estaba dirigida por un presidente que recompensaba sistemáticamente "las victorias".

Durante cada reunión semanal del personal, el liderazgo reconocía al miembro del equipo que había experimentado la mayor "victoria" esa semana y lo recompensaba con una tarjeta regalo de 5 dólares para una cafetería. Un simple gesto que tuvo un profundo impacto en la cultura de nuestro equipo y, en última instancia, en nuestra organización.

El miembro del personal no sólo estaba siendo reconocido por el liderazgo, sino que estaba siendo honrado delante de todo el equipo y recompensado con algo de valor — una simple tarjeta de regalo. Aunque la tarjeta regalo sólo valía 5 dólares, la experiencia fue invaluable para el miembro del equipo que fue el beneficiario honrado del premio de esa semana.

Reforzó continuamente una cultura de celebración en nuestro equipo y nos conectó con un sentimiento compartido de pasión. Aunque queríamos experimentar las "victorias" personalmente, también queríamos ver a nuestros compañeros de equipo honrados por sus "victorias" — lo que a menudo era más divertido de experimentar en su nombre que incluso para nosotros mismos.

POR QUÉ CELEBRAR LOS ÉXITOS

Piense en nuestra discusión sobre los "postes de luz" y cómo se convierten en los puntos naturales de pausa y celebración a lo largo del largo viaje del ministerio. Ahora, para ser más específicos, aquí hay cinco... Aquí hay cinco razones fundamentales para establecer un ritmo de celebración de las pequeñas victorias de su ministerio a medida que avanza hacia la meta a largo plazo:

GENERA UN IMPULSO

Para la gente es emocionante ver el progreso y energizante ser parte de él.

AUMENTA EL COMPROMISO

Destacar los resultados positivos de su ministerio refuerza la determinación de las personas de querer participar activamente en lo que está ocurriendo.

FACILITA LA COMUNIDAD

Celebrar constantemente las "victorias" de los demás unifica a los involucrados en el ministerio y estrecha los lazos de conexión y unión.

ESTABLECE UNA CULTURA

Una cultura que celebra, honra y recompensa es atractiva e inspiradora el ser parte de ella.

REFUERZA LA VISIÓN

Cuando se celebran las pequeñas victorias a lo largo del camino, se proporciona la oportunidad de señalar la visión más amplia hacia la que todos caminan juntos (los postes de luz nos señalan la meta de la maratón).

GENERA ESPERANZA

Cada vez que se alcanza otro "poste de luz", se crea la esperanza de que todos juntos podemos llegar a la meta.

Las "Celebraciones de Postales" son oportunidades pequeñas y fáciles de reconocer lo que Dios está haciendo en la vida de las personas a través del ministerio.

———————————

CELEBRACIONES DE "TARJETAS POSTALES"

La visión de su ministerio es un "panorama general". Es como un mural en la pared que su iglesia mira y anhela. Es una obra maestra hermosa, diversa y matizada de todo tipo de personas que participan en el cuidado de los niños huérfanos y vulnerables de todas las maneras posibles. Es la "línea de meta" de su maratón, pero a lo largo del camino hay muchas oportunidades de "poste de luz" para detenerse y celebrar.

Si su visión es el gran "mural", las pequeñas celebraciones a lo largo del camino son como "tarjetas postales" — momentos más pequeños y fáciles de conservar que recuerdan a su gente dos cosas: 1) Hay un mural en el que todos estamos trabajando, y 2) La bondad y la fidelidad de Dios hacia nosotros son evidentes en cada vistazo tomado a lo largo de nuestro viaje hacia él.

Mire el siguiente gráfico. Si su ministerio es el embudo grande, comienza con una variedad de personas que se involucran en él a través de diferentes puntos de contacto. Algunos podrían estar interesados en el acogimiento familiar, otros en la adopción, otros podrían querer aprender cómo respaldar a las familias biológicas o apoyar a otras familias de acogimiento en la iglesia. Hay un sinfín de razones por las que la gente se involucraría inicialmente, pero la visión del ministerio los cataliza juntos, en su diversidad, a lo largo de un camino unificado hacia una visión "mural" de panorama general.

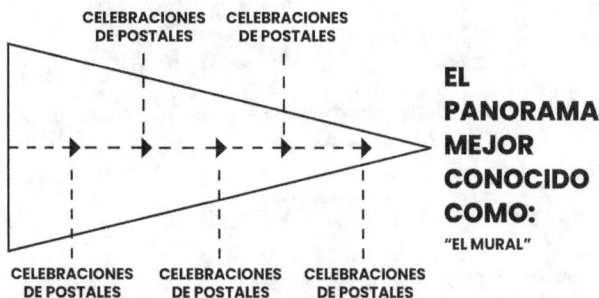

Las " Celebraciones de Postales " pueden presentarse de muchas formas: Una familia se hace cargo de una nueva colocación de acogimiento familiar o adoptivo, se celebra una reunión informativa a la que asiste mucha gente entusiasmada y dispuesta a involucrarse, se han donado más mochilas de las necesarias para la campaña de regreso al colegio en beneficio de una agencia de acogimiento familiar local, otro niño ha sido adoptado por una familia de la iglesia, etc.

Esté atento, y haga que otros estén atentos con usted, a las oportunidades de poner en manos de la gente "postales" más pequeñas que les recuerden cómo se ve el mural y les animen a que Dios está guiando a lo largo del camino, ¡así es que hay muchos motivos para celebrar!

7

HACER CRECER UN MOVIMIENTO DE ACOGIMIENTO FAMILIAR DONDE USTED VIVE

Adaptación del libro "Until There's More Than Enough: Working Together to Transform Foster Care Where You Live" [Hasta Que Haya Más Que Suficiente: Trabajando Juntos para Transformar el Acogimiento Familiar Donde Vives"]

Por Jason Weber, Director de la Iniciativa Nacional de Acogimiento Familiar de Christian Alliance for Orphans [Alianza Cristiana para los Huérfanos]

El establecimiento y desarrollo continuo del sistema gubernamental de bienestar infantil ha tratado de proteger a cientos de miles de niños durante más de cien años. Las funciones y actividades estándar del sistema de bienestar infantil incluyen, pero no se limitan a:

- Investigación de acusaciones de abuso y negligencia
- Separar a los niños de los hogares en los que se han comprobado malos tratos o negligencia.
- Proporcionar cuidados temporales (acogimiento familiar) a los niños que han sido separados de sus hogares.
- Reclutamiento, formación, licencia y supervisión de familias de acogimiento.
- Supervisión e implementación de planes de casos con el objetivo principal de reunir a los niños con sus cuidadores siempre que sea posible.

- Formular recomendaciones al tribunal con respecto a las próximas acciones
- Reclutamiento de familias adoptivas para los niños cuyos padres han perdido sus derechos parentales por los tribunales.
- Gestionar la distribución de recursos a los cuidadores dentro del Sistema.

Es importante decir primero que cada una de estas actividades es de vital importancia para el bienestar de los niños. Además, no sorprenderá a nadie (especialmente a quienes trabajan en el ámbito del bienestar infantil) decir que estas actividades no siempre se ejecutan con excelencia. Sin embargo, sin ellas, nuestros niños estarían mucho peor.

También vale la pena señalar que cuando el gobierno se involucró en la regulación del ámbito de bienestar infantil, la Iglesia se alejó de él. Al hacerlo, la Iglesia abdicó de su responsabilidad de cuidar de los niños vulnerables y la dejó en manos del Estado.

Sin embargo, en las dos últimas décadas algunas cosas nuevas relacionadas con el bienestar infantil han surgido de las comunidades religiosas de todo el país. Se trata de iniciativas voluntarias y de colaboración que comenzaron fuera del sistema, en el contexto de las iglesias locales, pero que no podrían haber logrado la eficacia que tienen sin la asociación con el sistema. Son estrictamente locales y comparativamente poco costosos. Y lo que es más importante, están obteniendo resultados increíbles. Estos movimientos locales de acogimiento basados en la fe están consiguiendo el reclutamiento, la capacitación y el apoyo de miles de familias de acogimiento y adoptivas. Proporcionan capacitación y apoyo a las familias biológicas que intentan permanecer unidas y reunificarse, y movilizan a cientos de voluntarios para apoyar el acogimiento—personas que antes no sabían que tenían un papel vital que desempeñar.

En esencia, un movimiento local de acogimiento está formado por...

IGLESIAS   FAMILIAS   SOCIOS COMUNITARIOS

- **Familias** (de acogimiento, de parentesco, adoptivas y biológicas) cuidadas por...
- **Iglesias** que colaboran entre sí y con...
- **Socios Comunitarios** (gobierno, agencias de colocación, organizaciones puente, organizaciones de servicios y empresas locales).

Una señal de que el movimiento de acogimiento familiar se ha arraigado en una comunidad es que surja un número significativo de personas que emergen para enfrentar las necesidades relacionadas con el acogimiento familiar y que no cobran por ello. En lugar de que el sistema esté formado simplemente por trabajadores sociales, abogados, jueces y familias de acogimiento, ahora incluye a docenas de otros miembros de la comunidad con otros trabajos que son "dueños" del problema en su comunidad. Es el contratista de viviendas que se ofrece a construir una habitación adicional para cualquier familia de su iglesia dispuesta a hacer acogimientos pero que no dispone de espacio. Es el propietario de un negocio que crea un espacio para que los jóvenes que han estado en acogimiento adquieran habilidades laborales en su empresa. Es la madre que educa en casa al hijo de una madre soltera que tiene dificultades en un entorno escolar tradicional. Es el fotógrafo que ofrece sesiones fotográficas gratuitas a las familias de acogimiento para que un niño en acogimiento pueda ver una foto suya en la pared de su casa. La actividad de acogimiento a menudo cubre lo básico, pero el movimiento de acogimiento hace el resto. Este es el corazón de "todos podemos hacer algo".

DE LA ACTIVIDAD AL MOVIMIENTO

Como ya hemos dicho, la actividad tradicional de acogimiento es increíblemente importante para el bienestar de los niños y de las familias más vulnerables de nuestro país. Pero, ¿qué pasaría si fuéramos capaces de pasar de la actividad de acogimiento familiar en todos los condados del país al movimiento de acogimiento familiar? ¿Cómo sería que las comunidades vieran este problema como propio e hicieran lo necesario para que la crisis del acogimiento familiar fuera cosa del pasado?

Antes de seguir adelante, hay que hacer una distinción fundamental. Estamos hablando de hacer que la crisis del acogimiento familiar sea cosa del pasado, no de hacer que el acogimiento familiar sea cosa del pasado. Desafortunadamente, mientras haya destrucción en el mundo, habrá necesidad de proteger a los niños. En nuestro país, el sistema de acogimiento lo proporciona. No estamos tratando de acabar con el acogimiento familiar. Sin embargo, la crisis en la que se encuentra nuestro sistema podría terminar en cuestión de años.

No hay razón por la que los niños necesiten estar en centros de cuidado durante tanto tiempo. No hay razón para que los niños sean colocados en hogares de acogimiento que no son buenos para ellos. No hay razón para que un niño tenga que esperar durante años (a menudo en vano) a una familia adoptiva. No hay razón para que las familias biológicas tengan que caminar solas por el camino de la reunificación. No hay razón por la que cada familia asociada al acogimiento — de acogida, de parentesco, adoptiva o biológica — no deban tener un mínimo de otras tres familias que los animen y los apoyen.

CINCO FORMAS EN LAS QUE *LA ACTIVIDAD* Y *EL MOVIMIENTO* SON DIFERENTES

Entones, ¿qué significa cuando decimos que hay una diferencia entre la actividad de acogimiento familiar y el movimiento? Hay cinco formas en las que la actividad de acogimiento familiar es diferente del movimiento de acogimiento familiar.

1. Acción Autónoma vs. Colaboración
2. Tácticas vs. Visión
3. Ajuste vs. Cambio
4. Programación Dirigida por una Agencia vs. Defensa de Los Derechos Dirigida por la Comunidad
5. Más vs. Más Que Solo Lo Suficiente

Las descripciones de las siguientes páginas destacan la diferencia en cada una de estas cinco áreas entre la actividad de acogimiento y el movimiento de acogimiento.

1. ACCIÓN AUTÓNOMA VS. COLABORACIÓN

La Actividad de Acogimiento se Caracteriza por la <u>Acción Autónoma</u>:

Las organizaciones y agencias (privadas y gubernamentales) están haciendo cada una un buen trabajo principalmente de acuerdo con sus propios objetivos internos trimestrales y anuales. Cuando el trabajo es desigual entre las organizaciones, a veces se lleva a cabo la coordinación de los servicios. En los lugares donde el trabajo es similar entre las organizaciones, se produce una competencia por las familias, la financiación, los contratos gubernamentales y las asociaciones comunitarias (es decir, las iglesias). Ya que la comunicación regular entre organizaciones es limitada, la duplicación de esfuerzos es común.

El Movimiento de Acogimiento Familiar Se <u>Caracteriza por la Colaboración</u>:

Las organizaciones, agencias e iglesias reconocen que casi todos los recursos necesarios para resolver el problema dentro de la comunidad ya existen. Se convierte entonces en una cuestión de averiguar estratégicamente quién es bueno en qué, dónde están los agujeros, y dónde se puede detener la duplicación de esfuerzos para que esos recursos puedan ser redirigidos a llenar los vacíos. Este tipo de colaboración no puede lograrse sin relación. La relación no puede construirse sin confianza. La confianza no puede construirse sin pasar tiempo juntos regularmente.

2. TÁCTICA VS. VISIÓN

La Actividad de Acogimiento está Motivada por <u>Tácticas</u>:

Las necesidades visibles más apremiantes generalmente determinan la programación, y esas necesidades se abordan mediante tácticas, incluyendo campañas, recaudaciones y eventos. El objetivo de estas tácticas es ayudar a tantos como sea posible (lo cual es bueno). Sin embargo, falta una visión global convincente de una realidad futura preferida. El resultado es la sensación de que los esfuerzos realizados simplemente van de una táctica a otra sin una idea clara de dónde acabará el plan.

El Movimiento de Acogimiento Familiar está Motivado por la <u>Visión</u>:

Aunque las estrategias desempeñan un papel esencial, en última instancia, el movimiento de acogimiento en una comunidad está motivado por una visión convincente hacia algo que es a la vez difícil y factible. Esta visión proporciona un futuro preferido que todos los miembros de la comunidad llegan a asumir como propio. Las visiones que motivan los movimientos actuales a menudo se definen por un objetivo numérico, una geografía y una fecha límite. Por ejemplo: "Somos un grupo de iglesias que trabajan juntas para conseguir hogares permanentes más que suficientes para cuarenta y siete niños (objetivo numérico) en espera de adopción en nuestro condado (geografía) en un plazo de dos años (fecha límite)." Recuerde que las tácticas siempre deben estar al servicio de la visión.

3. AJUSTE VS. CAMBIO

La actividad de acogimiento se corrige a través del ajuste:

Con el tiempo, la tendencia a simplemente ajustar los esfuerzos actuales se convierte en la norma. Se siente muy arriesgado intentar algo completamente diferente a lo que se ha hecho antes. ¿Qué pasa si no funciona? Peor aún, ¿qué pasa si la agencia se mete en un buen lío por hacerlo? En estos contextos se utiliza con frecuencia la frase "pensar fuera de la caja" (pensar de forma creativa). El mayor problema de esa frase es que si uno está dentro de la caja, es muy, muy difícil pensar fuera de ella. Es como pedirle a un pez que describa el senderismo. A menos que se ofrezca una perspectiva externa, el mero ajuste es el mejor de los casos, mientras que el estancamiento es el peor de los casos.

El Movimiento de Acogimiento Familiar Se Transforma con el *Cambio*:

Los participantes en un movimiento reconocen que lograr el futuro preferido requiere cambios significativos, a menudo sugeridos por perspectivas externas. En los lugares donde el movimiento ha tenido éxito, se han revisado los programas de capacitación, se han producido cambios en el personal, se han reubicado permanentemente las reuniones de orientación y se ha reconsiderado por completo la forma en que se prestan los servicios. "Nunca lo habíamos hecho antes de esa manera" se convierte en una insignia de honor en lugar de una blasfemia.

4. PROGRAMACIÓN DIRIGIDA POR AGENCIA VS. DEFENSA DE LOS DERECHOS DIRIGIDA POR LA COMUNIDAD

La Actividad de Acogimiento es Iniciada por la Programación Dirigida por las Agencias:

Debido a que las agencias y organizaciones han invertido en los recursos en la creación de infraestructura, el crecimiento de la experiencia; y el desarrollo de programas, parece natural que deben liderar el camino del esfuerzo comunitario. El problema es que todos los demás en la comunidad sólo sentirán que están siendo reclutados para ayudar a esa agencia u organización para que logren sus objetivos. Es muy común que el pastor de una iglesia sea abordado por múltiples organizaciones de este tipo en una semana determinada que enfrentan una variedad de necesidades, desde la falta de vivienda hasta la educación y la atención médica. A menudo, estas organizaciones parecen más interesadas en que el pastor utilice a su congregación para lograr los objetivos de la organización que en que la organización utilice su experiencia para ayudar al pastor a lograr la visión de la congregación en la comunidad.

El Movimiento de Acogimiento Familiar es Iniciado por la Defensa de los Derechos Dirigida por la Comunidad:

En este modelo, las agencias y organizaciones se reposicionan de ser "líderes" a ser "guías". Pasan de ser Luke Skywalker a ser Yoda. Su sabiduría y experiencia son vitales para el éxito, pero reconocen que se necesitará sangre nueva para hacer realidad la visión. Dan un paso atrás, dejan a un lado logos y egos, y posicionan a las iglesias locales como líderes del movimiento. Es mucho más probable que las iglesias se unan a una coalición de otras iglesias que trabajan juntas para transformar una comunidad que se inscriban en un nuevo programa que acaba de lanzar una agencia. La comunidad quiere mejorarse a sí misma. Las buenas agencias y organizaciones les muestran que pueden hacerlo y les ofrecen su ayuda.

5. MÁS VS. MÁS QUE SUFICIENTE

La Actividad de Acogimiento tiene el Objetivo de Más:

Sin una visión de una realidad futura preferida, el objetivo por defecto se convierte simplemente en "más". Trabajamos para conseguir más recursos, más familias, más apoyo. Esto significa que simplemente tratamos de hacerlo mejor este trimestre que el anterior. Aunque no hay nada intrínsecamente malo en hacer "más, mejor, más rápido", se convierte en una imitación del verdadero objetivo, que es resolver el problema.

El Movimiento de Acogimiento Familiar tiene el Objetivo de "Más que suficiente":

El objetivo de "más" se cambia por la visión de "más que suficiente". Este cambio reconoce lo que es cierto, pero a lo que nuestro "realismo" renunció hace mucho tiempo: Que cada niño merece seguridad y permanencia. Recuerda a la comunidad que esto no es cierto actualmente, pero absolutamente podría serlo. Simplemente conseguir "más" deja a los niños sin lo que se merecen. "Más que suficiente" asegura que todos los niños sean cuidados.

Venimos de una larga línea de un montón de gente increíble que ha ayudado a incontables miles de niños y familias a través de la actividad tradicional del acogimiento familiar. Debemos honrar este inmenso esfuerzo y sacrificio. Incluso con todos sus defectos, la actividad del acogimiento familiar ha sido responsable de la restauración de mucho daño. Sin embargo, es hora de que nuestras comunidades lleven esta actividad al siguiente nivel. Sabemos dónde hemos estado, sabemos dónde estamos, y ahora es el momento de ir hacia dónde vamos.

LA RECETA PARA UN MOVIMIENTO DE ACOGIMIENTO LOCAL

Hay muchos elementos para construir un movimiento local de acogimiento, pero hay tres en particular que son fundamentales: la **oración**, la **visión** y la **unidad**.

Sin **oración**, un esfuerzo local del acogimiento familiar será, en el mejor de los casos, una moda pasajera y, en el peor, no ganará tracción alguna en los corazones de la gente de su comunidad.

Sin una **visión** de lo que podría ser - de lo que debería ser - prevalecerá el statu quo. Y todos podemos estar de acuerdo en que el statu quo está decepcionando a miles de niños y familias cada día.

Sin **unidad**, los esfuerzos serán caóticos y polémicos. La duplicación de esfuerzos será habitual y las ineficiencias seguirán impidiendo el progreso real.

No se pueden hacer galletas con trocitos de chocolate sin harina, trocitos de chocolate o azúcar (al menos no de las buenas). Y no se puede construir un movimiento local de acogimiento familiar sin oración, visión y unidad. Analicemos en profundidad cada una de ellas...

1. ORACIÓN

Vengo de una familia de cazadores. Todos los años, el primer día de la temporada del faisán, nos despertábamos apenas unos minutos después de habernos dormido (al menos eso parecía) para reunirnos con un grupo de amigos de la familia igualmente privados de sueño. No hay nada como 25 personas somnolientas caminando juntas por un campo embarrado al amanecer con armas cargadas.

Vestido completamente con tres capas de ropa completas con pantalones largos, unos pares de medias, botas y un gorro de lana (ya saben -- de los que tienen un pompón gigante en la parte superior), salía con estos adultos fanáticamente comprometidos llevando mi fiel pistola de aire comprimido.

Mi principal contribución a esta excursión anual ciertamente no tenía nada que ver con que yo disparara a algo. Era valioso simplemente porque tenía pies. Mi trabajo consistía en mantener mi sitio en la línea horizontal de gente que se extendía por el campo y arrastrar los pies por la hierba alta y los matorrales con la esperanza de que mis pies asustaran a un faisán al que otro con un arma "de verdad" dispararía para matarlo. Cuando un faisán emerge de la hierba justo delante de usted batiendo locamente sus alas, es un poco aterrador. Un par de calzoncillos largos de repuesto probablemente habría sido una buena idea.

Incluso con mi pistola de aire comprimido, seguía disparando a las cosas, pero mi caza tenía realmente poco impacto en el resultado final porque no tenía la potencia de fuego necesaria. Es difícil matar a un faisán con una pistola de aire comprimido.

Muchos de nosotros marchamos hacia la defensa de los derechos de los niños con nuestro compromiso casi fanático, nuestra privación del sueño y nuestro plan estratégico, pero a la hora de la verdad, llevamos una pistola de aire comprimido espiritual. Nosotros, por nosotros mismos, no estamos a la altura del quebranto que encontraremos. En el fondo, el movimiento de acogimiento familiar es un movimiento espiritual y ningún movimiento espiritual significativo en la historia ha comenzado sin la oración. Siempre es ahí donde comienza el movimiento espiritual.

Como D.L. Moody dijo una vez: "**Todo gran movimiento de Dios puede ser rastreado hasta una figura arrodillada**".

El resultado que deseamos para los niños y las familias afectados por el sistema de acogimiento va a requerir cosas que van mucho más allá de lo que podríamos orquestar nosotros mismos. Requerirá que Dios se mueva en los corazones de la gente para hacer cosas difíciles. Requerirá que Dios haga un camino para que las personas que no están de acuerdo en muchas cosas actúen en unidad. Requerirá que Dios transforme las vidas de personas que están sumidas en generaciones de adicción, abusos y enfermedades mentales. Si quiere que ocurra algo más que suficiente en su comunidad, Dios necesitará aparecer a lo grande. La oración nos permite ver de primera mano Su tremendo poder y amor de una forma que no se puede experimentar de ninguna otra manera. Si alguna vez ha orado por algo grande e improbable y ha visto a Dios responder a esa oración, sabe que es uno de los mayores privilegios imaginables. Si aún no ha tenido esa experiencia, prepárese.

En el 2007, yo pertenecí a un grupo de iglesias de Little Rock que querían trabajar con el gobierno local y estatal para transformar el acogimiento familiar. Sin embargo, todos esos esfuerzos se encontraban con la resistencia del jefe responsable de bienestar infantil del estado. Se hizo evidente que no íbamos a poder avanzar mucho más sin que cambiara algo significativo. Este grupo de apasionados padres de acogimiento, personal de la iglesia y defensores de los niños decidieron reunirse una noche para no hacer otra cosa más que orar para que Dios abriera puertas. Oramos específicamente por este líder estatal y para que Dios abriera un camino para que nuestras iglesias ayudaran a los niños y a las familias.

Imagínense nuestra sorpresa/no sorpresa cuando varias semanas más tarde nos enteramos de que este líder había tomado la decisión de renunciar y seguir adelante con otra cosa. Fue reemplazado por una mujer increíble, Pat Page, que no podría haber estado más dispuesta a asociarse con la iglesia para hacer una diferencia para los niños y las familias de acogimiento. Así nació The CALL. Desde entonces, las familias de The CALL han cuidado a más de 18.000 niños y han creado familias para siempre para más de 1.500 niños. De hecho, en el momento de escribir estas líneas, casi dos tercios de todas las familias de acogimiento no familiares actualmente certificadas en el estado de Arkansas fueron reclutadas y capacitadas por The CALL.

No sé si alguno de nosotros en la reunión de oración de esa noche podría haber imaginado ese tipo de resultados. Pero cuando usted le pide algo a Dios, va a obtener más de lo que espera.

Cuando se trata de orar, es importante señalar que NO estamos hablando de un reconocimiento superficial de la existencia de Dios al principio y/o al final de nuestras reuniones. Como la sobreviviente de un campo de concentración, Corrie Ten Boom, preguntó: "**¿La oración es su timón o su llanta de repuesto?**"

La oración es un hábito de admisión tangible por parte de un grupo de personas que no tenemos lo que hace falta para producir el tipo de cambio que nuestros hijos y familias necesitan.

Dependemos totalmente de que Él aparezca/se presente.

La oración es una expresión de dependencia del único ser existente que puede hacer esto.

Cuando se construye un movimiento, la oración es el cimiento.

2. VISIÓN

Uno de los trabajos que tuve en la escuela secundaria consistía en conducir un tractor y arar los campos para dejarlos listos para la siembra. El objetivo principal es conducir recto. La tentación es mirar justo por encima del timón para mantener las llantas delanteras alineadas con la línea anterior o mirar detrás de usted para evaluar su precisión.

Sin embargo, la mejor manera de arar recto es elegir algo claramente visible en la distancia - un poste eléctrico, un poste de una cerca, o un árbol - y mantener la vista fija allí.

Proporcionar a su comunidad una visión del acogimiento familiar es exactamente así. Proporciona un punto de enfoque tangible para todos los involucrados. Decir a la gente que debemos mejorar la atención de los niños y las familias de nuestra comunidad es similar a decirles que "aren recto". Sí, es el objetivo, pero decirlo no ayuda mucho. Tenemos que elegir un poste de la cerca, señalarlo e invitar a los demás dirigirse hacia allí.

Probablemente será una especie de expresión tangible de la visión general *más que suficiente* para su condado.

Por ejemplo:
" *Nuestra visión es que el 10% de las iglesias del condado de* _____ *participen activamente en el ministerio de acogimiento por* _____.

o

" *Nuestra visión es proporcionar más que suficientes familias permanentes bien apoyadas para todos los* _____ *número de niños en el condado de* _____ *en espera de adopción para* _____.

o

" *Nuestra visión es asegurar que tenemos más que suficientes familias de acogimiento debidamente apoyadas para cada niño en acogimiento en el condado de* _____ *para* _____.

La oración
es un hábito
de admisión
tangible por parte
de un grupo de
personas que no
tenemos lo que
hace falta para
producir el tipo
de cambio que
nuestros hijos y
familias
necesitan.

————————

Obsérvese que hay números y líneas de tiempo conectadas con estas afirmaciones. Los postes de la cerca son sólidos. Se sabe cuando se golpea uno.

El 25 de mayo de 1961, John F. Kennedy se dirigió al Congreso e hizo una proclamación audaz:

" " *En primer lugar, creo que esta nación debe comprometerse a lograr el objetivo, antes de que termine esta década, de llevar un hombre a la Luna y devolverlo a salvo a la Tierra...".*
No lo dijo porque fuera popular. De hecho, una encuesta Gallop realizada tras el discurso reveló que el 58% de los estadounidenses no lo apoyaban. No lo dijo porque fuera una certeza absoluta. De hecho, muchos creían que no era posible. Planteó una visión para los Estados Unidos que era difícil de imaginar y, sin embargo, posible. La visión era clara (llevar a un hombre a la luna y devolverlo sano y salvo) y tenía un plazo definido (antes de que acabara la década).

Hablar de la visión la convirtió en una prioridad y creó un foco de atención. Usted tiene la misma capacidad en el condado donde vive para ayudar a las iglesias, al bienestar infantil, a las empresas locales y a otros a empezar a creer que algo que nunca se ha hecho por los niños y las familias donde usted vive podría de hecho ser una realidad dentro de unos pocos años. Puede ocurrir, pero no ocurrirá a menos que alguien proyecte esa visión. Bien podría ser usted.

3. UNIDAD

No sé si usted se da cuenta, pero la noche antes de que Jesús muriera, Él oró por usted. Cuando escuché esto por primera vez de mi pastor en Little Rock hace más de 17 años, me llamó la atención.

Juan 17:20 registra el inicio de esta oración:
" " *20 "Pero no ruego solamente por estos (los discípulos) sino también por los que han de creer en mí por medio de la palabra de ellos;...*

Si usted cree en Jesús, usted forma parte de este linaje. Esto me llamó la atención porque si Jesús oró por usted y por mí (y aparentemente lo hizo), definitivamente quiero saber qué oró. Quiero decir que si tuviera que adivinar todas las cosas que podría orar por mí horas antes de su muerte, hay algunas cosas que probablemente estarían en la parte superior de esa lista: la obediencia, la fidelidad, la paz . . .

Pero no lo hizo. En lugar de eso, oró:
" " *21... para que todos sean uno así como tú, oh Padre, en mí y yo en ti" -Juan 17:21a*

Horas antes de su muerte, Jesús oró para que usted y yo estuviéramos unificados.

Y su oración continúa diciéndonos por qué:

" " *....que también ellos lo sean en nosotros; para que el mundo crea que tú me enviaste. –Juan 17:21b*

La unidad no sólo nos hace más eficaces cuando intentamos resolver grandes problemas, sino que también ayuda al mundo a creer que Jesús fue, de hecho, enviado por el Padre.

He escuchado que se sugiere que la competencia entre organizaciones sin fines de lucro es saludable porque estimula a las organizaciones a realizar un trabajo mejor y más impactante. He tenido que luchar con lo que creo al respecto. Todos entendemos el lugar que ocupa la competencia sana en los negocios y los deportes, pero ¿qué lugar tiene la competencia, si es que tiene alguno, en el mundo de las organizaciones sin fines de lucro y de la iglesia? Creo que cuando vemos que otra persona hace un buen trabajo, eso nos inspira a hacer un buen trabajo. Pero, ¿es necesaria la competencia para que eso ocurra?

Yo creo que no. Creo que la competencia, en el ámbito de ayudar a los demás, tiene muchas más probabilidades de hacer daño que de hacer bien. El problema de aceptar la competencia en nuestro trabajo en favor de los niños y de las familias es que necesariamente empieza con un malentendido de quién es nuestro oponente. Si yo compito con usted por los donantes, los socios, las familias o el reconocimiento, ambos perdemos en un par de sentidos. En primer lugar, estoy intentando conseguir cosas para mí que le ayudarían a usted para ayudar a las familias (y viceversa). En segundo lugar, cada uno de nosotros tardaremos mucho más en cumplir nuestros objetivos comunes, que son ayudar al mayor número posible de niños y familias. Podemos hacerlo mejor juntos.

Es la diferencia entre ver a alguien como el otro equipo y verlo como un compañero de entrenamiento. Cuando "ellos" son el otro equipo, pensamos en términos de ventaja competitiva. Pensamos en superarles en velocidad y en puntuación. Pensamos en hacer las cosas mejor que ellos. Pensamos en términos de victoria.

Pero, ¿qué pasa si "ellos" son mis compañeros de entrenamiento? Eso lo cambia todo. Su éxito sigue motivándome a ser mejor, a esforzarme más y a superarme, pero de una forma completamente diferente. Entonces empezamos a pensar en cómo animarnos mutuamente. Pensamos en cómo conseguir que nuestro compañero haga una serie más. Pensamos en cómo hacer que los dos nos pongamos lo más fuertes posible en lugar de intentar ser un poco más fuerte que el otro. No sólo creo que es una forma más bíblica de pensar, sino que creo que es mejor para los niños y las familias que luchan contra generaciones de adicción, abuso, abandono, pobreza y desesperanza. Y, por cierto, si usted

La unidad es quizá una de las cosas más difíciles que se nos ha ordenado hacer. El pecado y el egoísmo luchan por nuestra autonomía. Nos amamos demasiado a nosotros mismos y nuestros propios planes.

———— ▬ ————

está buscando un oponente para luchar, esas cinco cosas son un comienzo bastante decente para la lista. Esas son sólo algunas de las cosas que nuestro verdadero enemigo está usando para traer destrucción a las familias de su comunidad. ¿Quiere luchar? Bien — agarre a su compañero de entrenamiento y empiece a luchar contra su verdadero oponente . . . juntos.

La unidad es quizá una de las cosas más difíciles que se nos ha ordenado hacer. El pecado y el egoísmo luchan por nuestra autonomía. Nos amamos demasiado a nosotros mismos y nuestros propios planes. Pero precisamente por la imposibilidad de la unidad, ésta muestra al mundo que Dios es real y que Jesús es el que Él ha enviado.

Entonces, ¿cómo se ve la unidad entre las iglesias de nuestra ciudad o de nuestro condado? ¿Significa que siempre tenemos que hacer todo juntos? No necesariamente, pero sí significa que podemos hacer algunas cosas juntos – tal vez muchas cosas juntos – porque serían mucho más eficientes e impactantes juntos de lo que podrían ser por separado.

Por ejemplo, cada iglesia de su condado o ciudad no necesita un almacén de recursos de acogimiento. En lugar de eso, tal vez tenga uno o dos en los que participen todas las iglesias. Así se colabora y se puede servir mejor a las familias y a los niños. Tal vez no todos ustedes necesitan sus propias reuniones informativas o grupos de apoyo. Tal vez sea mejor hacerlos en colaboración. Aumenta la masa crítica, conecta a más gente y comunica el espíritu de que "todos estamos juntos en esto". Sea creativo. Cuando usted planifique su calendario ministerial, esté lo suficientemente consciente como para identificar algunas oportunidades de asociarse con otras iglesias, organizaciones y agencias de su ciudad. A veces el proceso se hace un poco más engorroso, pero al final el valor de estar unos al lado de otros supera cualquier logística organizativa que haya tenido que navegar para llegar allí.

MORE TH>N ENOUGH

No hay dos movimientos locales de acogimiento que se parezcan. Los programas y las iniciativas exactas varían, pero los elementos fundamentales siguen siendo los mismos. Los movimientos locales de acogimiento familiar son creados por un grupo de personas que **dependen de Dios** (oración), **se dirigen a una realidad futura específica** (visión) y **se comprometen a hacerlo juntos** (unidad).

CRECER HACIA UNA IGLESIA ACTIVAMENTE COMPROMETIDA

Dos de las palabras más comunes asociadas al acogimiento familiar en los Estados Unidos son "not enough" ("No hay suficiente").

< No hay recursos suficientes para cubrir todas las necesidades.
< No hay suficiente apoyo para las familias biológicas, de parentesco, de acogimiento y adoptivas que están pasando por dificultades.
< No hay suficientes familias para los niños que las necesitan.

Pero no tiene por qué ser así donde usted vive.

Organizaciones, agencias e iglesias de todo el país están colaborando para que más del 10% de las iglesias de cada condado participen

activamente en el movimiento de acogimiento familiar. Creemos que eso sería suficiente para proporcionar Más Que Suficiente...

> **Familias de acogimiento y de parentesco** para que cada niño tenga una colocación ideal.
> **Familias adoptivas** para cada niño en espera de adopción.
> Ayuda a las **familias biológicas** que intentan estabilizarse y reunificarse.
> **Apoyo integral** de la Iglesia a las familias de acogimiento, adoptivas y biológicas.

ENTONCES, ¿CÓMO ES UNA IGLESIA ACTIVAMENTE COMPROMETIDA?

Un equipo de varios líderes y defensores de iglesias y organizaciones de todo el país diseñó y elaboró en colaboración una evaluación de la iglesia en línea para medir el involucramiento de una iglesia en el acogimiento familiar en seis áreas diferentes. A continuación se presenta un resumen de cada área según se describe en el informe de evaluación, junto con instrucciones sobre cómo acceder, realizar y, en última instancia, utilizar la evaluación en línea:

Área 1: Reclutamiento

El reclutamiento en una iglesia consiste, en primer lugar, en proporcionar vías de acceso fáciles para que los miembros de la iglesia se involucren en un ministerio significativo relacionado con el acogimiento familiar. Aunque a menudo se piensa en el reclutamiento en términos de captar a posibles padres de acogimiento y adoptivos, esto es sólo una pequeña parte de una estrategia de reclutamiento saludable.

> **(?)** *La pregunta que hay que hacerse aquí es: ¿Hemos proporcionado un camino claro en nuestra iglesia para que todos podamos hacer algo?*

Área 2: Comunicación

A menudo, cuando la gente piensa en la comunicación en una iglesia relacionada con el acogimiento familiar, piensa inmediatamente en los anuncios "desde el escenario" y en los sermones. Aunque estas dos cosas pueden ser una parte vital de la estrategia de comunicación de su iglesia, tener una comunicación saludable no depende sólo de ellas. En última instancia, la comunicación tiene que ver con la claridad.

> **(?)** *La pregunta que hay que hacerse es: ¿Hay múltiples cosas establecidas que dejan en claro a los miembros de la iglesia sobre cómo pueden involucrarse en las iniciativas relacionadas con el acogimiento familiar que ofrece su iglesia?*

Área 3: Oración

Jonathan Edwards escribió: "No hay manera de que los Cristianos, con sus propias capacidades, puedan hacer tanto para promover las obras de Dios y hacer crecer el reino de Dios como mediante la oración." Su meta como ministerio de la iglesia no debe ser simplemente "hacer un poco más". En cambio, su objetivo como iglesia es ser un catalizador para el movimiento en la comunidad donde Dios lo ha puesto . . . y ningún movimiento espiritual en la historia ha tenido lugar sin la oración. Los niños y las familias de su comunidad necesitan que usted y su iglesia oren por ellos.

> **(?)** *La pregunta que debemos hacernos es: ¿Estamos enfocándonos regularmente en los ministerios de oración y en nuestros esfuerzos por los niños y familias de nuestra iglesia y comunidad?*

Área 4: Comunidad/Apoyo Relacional

Fuimos destinados a vivir en una comunidad viva con los demás. Aunque esto es cierto para todos, las consecuencias de vivir aislados pueden ser especialmente devastadoras para las familias que cuidan de niños que han sufrido un trauma. La iglesia es un entorno especialmente adecuado para proporcionar este tipo de apoyo a los que están dentro de la iglesia y a los que están fuera de ella, en la comunidad circundante. Cuando una iglesia tiene la intención de ofrecer este tipo de apoyo a las familias que cuidan de niños en acogimiento, no sólo las familias prosperan, sino que la iglesia experimenta una riqueza y una unidad única para lo que todos fuimos creados.

> **?** *La pregunta que debemos hacernos es: ¿Estamos proporcionando programas y/o equipos de apoyo para apoyar a las familias de acogimiento que han abierto sus hogares a niños procedentes de lugares difíciles?*

Área 5: Apoyo Físico/Financiero

Además del apoyo relacional y espiritual discutido en la sección anterior, el apoyo financiero y físico es una parte crítica de un ministerio vivo de acogimiento familiar. Los niños y las familias tienen numerosas necesidades tangibles y la iglesia se encuentra en una posición única para proporcionar esta ayuda con una agilidad que a veces resulta difícil para el sistema local de acogimiento familiar, que está sobrecargado y carece de recursos. Esta es una de las formas más sencillas para que cualquier persona de una iglesia se pueda involucrar en el cuidado de los niños y las familias de su iglesia y comunidad.

> **?** *La pregunta que hay que hacerse es ¿Estamos atendiendo las necesidades físicas de las familias que están asumiendo las diversas exigencias que conlleva cuidar a niños que provienen de lugares difíciles?*

Área 6: Liderazgo

Una de las características más importantes de un ministerio de acogimiento familiar de una iglesia próspera es una estructura de liderazgo sostenible. Cualquier ministerio de la iglesia tendrá dificultades si no cuenta con un liderazgo coherente, conectado y capaz. Esto es particularmente importante en el ministerio de acogimiento familiar porque la mayoría de los líderes potenciales del ministerio de acogimiento familiar también suelen llevar una pesada carga en casa. Sin estructuras establecidas que garanticen la continuidad, mantengan a los líderes conectados con el personal de la iglesia y desarrollen sus habilidades de liderazgo, es probable que el ministerio tenga dificultades para mantenerse, y mucho más aún para crecer.

> **La pregunta que hay que hacerse aquí es: ¿Hemos formado un liderazgo claramente definido para supervisar la planificación y la implementación del ministerio?**

La evaluación
Más que suficiente
Para la iglesia
Proporciona una forma
sencilla para que
Varios representantes
De su iglesia respondan
a preguntas sobre el
compromiso de su iglesia
en el acogimiento familiar
en seis áreas diferentes.
Esta evaluación gratuita
dura unos 10 minutos y
proporciona un informe
completo con sugerencias
Para los siguientes pasos.

Para realizarla, vaya a

Morethanenoughtogether.Org

8

UN COMPROMISO GLOBAL EFICAZ

**Adaptado de los recursos de Nicole Wilke, Directora del Centro de Investigación Aplicada para Niños y Familias Vulnerables de la Alianza Cristiana para los Huérfanos.
[Christian Alliance for Orphans]**

Impactar al mundo de manera significativa y honrar a Cristo ha sido siempre un sello distintivo de la Iglesia Cristiana. A través de iniciativas locales, nacionales y globales, el pueblo de Dios ha liderado históricamente la conciencia compasiva, la defensa y la participación en asuntos de justicia y misericordia, renovación y restauración, esperanza y sanidad.

La participación en el ministerio a favor de los niños huérfanos y vulnerables (NHV) y en las misiones a corto plazo (MCP) ha crecido significativamente en los últimos años. Esta tendencia es motivo de mucha celebración, ya que la Iglesia se está involucrando cada vez más en asuntos cercanos al corazón de Dios. Sin embargo, también exige mucha cautela. Aunque en este movimiento subyacen buenas intenciones, debemos estar conscientes de los principios comunes y los peligros para formar asociaciones estratégicas eficaces y sostenibles, involucrarnos interculturalmente y enviar voluntarios para apoyar y servir a niños vulnerables, familias y comunidades de todo el mundo.

El propósito de esta sección es proporcionar información y herramientas útiles para las iglesias que deseen elaborar una estrategia de compromiso global eficaz, sostenible e impactante. Su objetivo es ofrecer una introducción de alto nivel y una visión general de algunos principios, aplicaciones y preguntas clave que es importante tener en cuenta a la hora de desarrollar estrategias de compromiso global.

Se construye en torno a tres elementos principales:

1. **Formar Asociaciones Estratégicas Saludables,**
2. **Dar Prioridad al Bienestar del Niño, la Familia y la Comunidad, y**
3. **Participar en Misiones a Corto Plazo con Eficacia y Ética.**

A continuación, se indican otros recursos que pueden utilizarse para profundizar en los temas más relevantes o urgentes para su equipo. Aunque cada contexto es diferente, las ideas, los principios y las preguntas que aquí se abordan le ayudarán a construir un marco para optimizar su estrategia de compromiso global.

FORMAR RELACIONES ESTRATÉGICAS SALUDABLES

Su iglesia necesita algo más que solo su iglesia para involucrarse eficazmente en la misión de Dios en todo el mundo. Identificar, examinar y formalizar asociaciones estratégicas con organizaciones es un componente vital y necesario no solo de su estrategia de compromiso global, sino de su iniciativa general de misiones y alcance como iglesia.

A medida que se esfuerza por establecer asociaciones estratégicas saludables fuera de su iglesia con el fin de optimizar la ejecución de su visión dentro de la misma, tenga en cuenta los cinco principios siguientes y las prácticas esenciales asociadas a cada uno de ellos. Finalmente, como líder o equipo de liderazgo, dedique tiempo a procesar las preguntas sugeridas para facilitar la claridad, la perspectiva y los posibles siguientes pasos para su ministerio.

PRINCIPIO 1

Intente alinear sus inversiones globales con la visión más amplia y los compromisos actuales de su iglesia.

PRÁCTICAS ESENCIALES:

Busque globalmente lo que prioriza localmente.
Asóciese con organizaciones que compartan valores, visión y objetivos similares.

Elija trabajar con socios que mantengan los más altos niveles de calidad en el cuidado de los niños.
Al igual que su iglesia, las organizaciones asociadas deben ser capaces de comunicar los protocolos que aplican para mantener los más altos niveles de seguridad y calidad en el cuidado de los niños.

Aporte aplicaciones locales a sus compromisos globales.
No se limite a vivir ciertos valores "allá", sino que ofrezca oportunidades para que su iglesia traslade esa perspectiva global a su propio contexto local "aquí mismo".

PREGUNTAS PARA CONSIDERAR:

1. ¿Qué valores y prioridades constituyen la cultura fundamental de su iglesia? ¿De qué manera le gustaría verlos reflejados en las organizaciones con las que podría asociarse?

2. Considere los protocolos de seguridad, supervisión y comunicación que ha establecido para su ministerio de niños. ¿Qué estándares de calidad en la atención a los niños debería buscar en las posibles organizaciones asociadas a nivel global?

3. ¿Cuáles son sus principales compromisos estratégicos a nivel global? ¿Cómo puede tender un puente entre "allá" y "acá" facilitando una aplicación local de esas iniciativas para su iglesia? ¿Su posible organización asociada considera que algunas de estas medidas son valiosas y tal vez aporte recursos para ponerlas en práctica?

PRINCIPIO 2

Asegúrese de que las posibles organizaciones asociadas respetan los estándares éticos más estrictos en materia de calidad asistencial e integridad organizacional.

PRÁCTICAS ESENCIALES:

Asegúrese de que los socios estén registrados ante las autoridades locales y nacionales.
Asóciese con organizaciones acreditadas en los países en los que operan.

Evalúe minuciosamente las prácticas seguras para los niños de los posibles socios.
Revise los procedimientos y las políticas oficiales, y pregunte a los miembros de la comunidad sobre su reputación y sus prácticas.

Obtenga información clara sobre las prácticas financieras de los posibles socios.
Determine de dónde procede la financiación y cómo se utiliza.

Revise las cualificaciones y los procedimientos de formación del personal.
Identifique a las personas que desempeñan las funciones concretas con las que su iglesia estará más involucrada, principalmente las que ejecutan el ministerio en el lugar.

PREGUNTAS PARA CONSIDERAR:

1. *¿Tenemos una comprensión clara de prácticas seguras para los niños, responsabilidad financiera y procedimientos de capacitación del personal para nuestras organizaciones asociadas actuales?*

2. *Si nuestros socios actuales trabajan de maneras que no son éticas o no están de acuerdo con la práctica basada en evidencia, ¿cómo procedemos? ¿Dónde podríamos empoderarlos para que mejoren sus prácticas? ¿Qué factores podrían ser decisivos como para poner fin a la asociación?*

3. *¿Qué procesos internos podemos implementar para garantizar que todas las organizaciones asociadas potenciales, ya sean locales, nacionales o globales, sean examinadas de acuerdo con medidas y expectativas consistentes? ¿Cómo medimos eso a lo largo del tiempo para garantizar que esas prácticas se mantengan?*

PRINCIPIO 3

Apoye y aprenda de las organizaciones que dan prioridad al desarrollo a largo plazo de las comunidades, no sólo a la dependencia a corto plazo del apoyo exterior.

PRÁCTICAS ESENCIALES:

Entregue dinero en efectivo, donaciones materiales y otros recursos con cautela y bajo la orientación de los líderes locales.
Utilice canales adecuados de distribución y rendición de cuentas para garantizar que los recursos se utilicen según lo previsto.

Dé prioridad a la asociación con ministerios que multiplican su impacto apoyando a familias y comunidades.
La transformación cultural a largo plazo se sustenta en la salud de las familias y el bienestar espiritual, social y económico de las comunidades.

Aprenda cómo puede apoyar el desarrollo de líderes locales, aumentando la sostenibilidad del ministerio.
Desarrolle la capacidad en los líderes comunitarios y de la iglesia poniéndolos en contacto con recursos a los que de otro modo no tendrían acceso.

PREGUNTAS PARA CONSIDERAR:

1. ¿Sus actividades actuales de compromiso global sirven para optimizar lo que los socios locales ya están haciendo, o están utilizando a los socios locales para infundir sus propios objetivos en una comunidad?

2. ¿De qué manera sus socios globales actuales participan activamente en el fortalecimiento de las familias y la creación de un comercio autosuficiente en las comunidades locales? ¿Cómo puede ayudarles a continuar o a ampliar esta labor?

3. ¿Qué oportunidades existen actualmente con sus socios globales para desarrollar la capacidad de los líderes de las iglesias y comunidades locales? ¿Tienen ya establecidos programas con los que pueda trabajar? Si no es así, ¿cómo puede trabajar con ellos para establecer algunos de esos canales?

PRINCIPIO 4

Establezca expectativas claras para la asociación, funciones y responsabilidades mutuamente acordadas.

PRÁCTICAS ESENCIALES:

Siempre que sea posible, comunique las expectativas por escrito para minimizar el riesgo de malentendidos.
Sea diligente a la hora de documentar los detalles necesarios de su asociación. Asimismo, sea flexible, ya que ambas partes aprenden, crecen y cambian con el tiempo.

Comunique las expectativas y las funciones a todos los participantes en el ministerio de su iglesia.
Capacite, equipe y prepare a su personal sobre la mejor manera de relacionarse e interactuar con el socio ministerial.

Haga que la conversación sobre las expectativas y las funciones sea continua, revisándola a lo largo del tiempo y a través de los cambios en el ministerio.
Las líneas abiertas de comunicación y la transparencia contribuyen a la sostenibilidad y eficacia a largo plazo de la asociación.

PREGUNTAS PARA CONSIDERAR:

1. *¿Tienen claramente definidas las funciones, responsabilidades y expectativas entre su iglesia y su actual socio ministerial? Si no es así, ¿qué medidas puede tomar para identificarlas, acordarlas y documentarlas mutuamente?*

2. *¿Qué mecanismos tiene en marcha para capacitar, equipar y preparar a las personas que estarán más comprometidas con su socio ministerial? ¿Comprenden adecuadamente las funciones, responsabilidades y expectativas de la iglesia y la organización?*

3. *¿Cree que ha llegado el momento de retomar la conversación sobre las funciones y expectativas con sus actuales socios ministeriales? ¿Qué aspectos específicos cree que necesitan aclararse y reforzarse?*

4. *Al examinar a posibles nuevos socios, ¿qué preguntas podría formular antes de formalizar la relación? Considere la posibilidad de hacer una lista de 5 a 7 preguntas esenciales que formularía, junto con un marco general de los tipos de respuestas que esperaría recibir de la organización asociada.*

PRINCIPIO 5

Aprenda de los socios cómo puede capacitarlos para satisfacer las necesidades de su comunidad y su contexto.

PRÁCTICAS ESENCIALES:

Priorice las relaciones sobre los proyectos.
Busque una asociación que sea relacional (conectada, de apoyo, amistosa y mutuamente beneficiosa), no meramente transaccional (impulsada por tareas, de naturaleza más contractual).

Siga el ejemplo de la organización asociada para encontrar formas en que su iglesia apoye los esfuerzos de su ministerio local.
El objetivo es optimizar lo que hacen y ayudar en la ejecución de iniciativas que redunden en beneficio de aquellos a quienes sirven. Confíe en su sabiduría y en la probabilidad de que conocen mejor que nadie las necesidades de su comunidad.

Deje que los socios sean los héroes de su ministerio compartido.
Hágalos destacar en sus comunidades asumiendo usted un papel más de apoyo.

PREGUNTAS PARA CONSIDERAR:

1. ¿Sus relaciones actuales son más transaccionales o relacionales? ¿Qué puede hacer para facilitar una asociación más conectada y amistosa?

2. ¿Se siente cómodo siguiendo el ejemplo de sus actuales socios ministeriales? ¿De qué manera usted ha tenido que renunciar a sus expectativas y confiar en la sabiduría de ellos? Si no es así, ¿qué pasos puede dar para enfrentarlo?

3. ¿Cómo puede ayudar a hacer destacar a sus socios ministeriales como "héroes" en sus comunidades? ¿Hay algo de lo que usted está haciendo actualmente que podría estar posicionando a su iglesia como el héroe? ¿Qué medidas puede adoptar para asumir un papel más de apoyo?

DAR PRIORIDAD AL BIENESTAR DEL NIÑO, LA FAMILIA Y LA COMUNIDAD

NIÑOS   **FAMILIA**

BIENESTAR DE LA COMUNIDAD

Los huérfanos y los niños vulnerables carecen a menudo de la supervisión y la protección que normalmente ofrece una familia sana. Por ello, corren un mayor riesgo de sufrir abusos y otras formas de explotación.[1] Cuando se permite el acceso de personas ajenas a su " hogar", como un centro residencial, los niños están especialmente en riesgo.

Las Escrituras nos dicen que todos los niños tienen derecho a estar seguros y protegidos[2]. Un compromiso fundamental de su iglesia puede ser cuidar de los niños vulnerables negándose a participar en cualquier práctica que pueda potencialmente dañar y no ayudar a un niño.

Tanto las Escrituras[2] como las ciencias sociales[3] sugieren que los niños fueron creados para ser criados en el contexto de familias amorosas y sanas. La estrategia de compromiso global de su iglesia debería tratar de apoyar este modelo.

Una familia sana y segura proporciona de forma natural los ingredientes que son tan esenciales para el desarrollo óptimo del niño. La gran mayoría de los padres esperan criar bien a sus hijos, pero a menudo carecen de los conocimientos, los recursos o las oportunidades para hacerlo.

Esto puede llevar a que se coloque innecesariamente a los niños en centros residenciales o en centros de cuidado alternativos (es decir, orfanatos). Reforzar los esfuerzos de fortalecimiento familiar es una forma útil en que su iglesia puede servir a los niños vulnerables y contribuir a un impacto a largo plazo en sus familias y comunidades.

---

[1]Better Volunteering Better Care. (n.d.). International volunteering and child sexual abuse.

[2]Mateo 18:6 "6 Y a cualquiera que haga tropezar a uno de estos pequeños que creen en mí, mejor le fuera que se le atara al cuello una gran piedra de molino y que se le hundiera en lo profundo del mar."

[3] Salmo 68:6 "Es el Dios que hace habitar en familia a los solitarios y saca a los cautivos a prosperidad; pero los rebeldes habitan en sequedales.

PRINCIPIO 1

Su prioridad es proteger a los niños de cualquier daño.

PRÁCTICAS ESENCIALES:

Asegúrese de que su iglesia y sus socios tienen, implementan y revisan periódicamente una política de protección de la infancia con todo el personal y los voluntarios.
Esta política de protección de la infancia forma parte integral de la formación de los voluntarios de su iglesia antes de que interactúen con niños o familias.

Investigue minuciosamente a todo el personal y los voluntarios que interactúan con niños, incluyendo una verificación de antecedentes.
Cualquier hallazgo preocupante impide la interacción con niños, sin excepciones. La mejor manera de garantizar la seguridad de los niños es limitar las personas que tienen acceso a ellos solo al personal profesionalmente capacitado e investigado que sea necesario para el cuidado y apoyo del niño.

Establezca mecanismos de denuncia que animen a las personas a denunciar cualquier sospecha de maltrato infantil.
Comunique por escrito este proceso a todo el personal, voluntarios y socios del ministerio.

Todo el tiempo que los voluntarios pasen con niños, deben estar con el grupo o la familia en espacios públicos.
Bajo ninguna circunstancia deben estar solos un voluntario y un niño.

PREGUNTAS PARA CONSIDERAR:

1. *¿Tenemos y utilizamos [nosotros y nuestros socios] una política de protección infantil? ¿Se revisa periódicamente?*

2. *¿Tenemos mecanismos de denuncia que animen a las personas a denunciar sospechas de maltrato?*

3. *¿Cómo estamos capacitando y preparando a nuestros voluntarios sobre los estándares apropiados de interacción con los niños y las familias antes de permitirles servir en esos entornos?*

4. *¿Qué medida inmediata debemos emprender para garantizar que nuestra máxima prioridad sea proteger a los niños del daño?*

PRINCIPIO 2

Mantenga una visión del cuidado del niño en el seno de la familia como ideal.

PRÁCTICAS ESENCIALES:

Capacite a los padres para que sigan siendo los cuidadores principales de sus hijos siempre que sea posible.
Un contexto familiar sano proporciona el amor, la crianza, la estabilidad, la protección y el cuidado que un niño necesita para optimizar su desarrollo.

Asóciese con organizaciones comprometidas con la implementación de prácticas que prioricen la permanencia en el cuidado basado en la familia frente al cuidado residencial a largo plazo.
Busque organizaciones que estén comprometidas en un proceso continuo de atención, desde el apoyo a alternativas basadas en la familia, la reunificación, el cuidado por familiares, el acogimiento familiar y la adopción.

Aborde las causas fundamentales de la vulnerabilidad, no sólo los síntomas.
A menudo, la pobreza, la falta de servicios de guardería o el acceso limitado a servicios como la educación, la atención médica, etc., son los motivos por los que los niños ingresan a centros de cuidado residencial.

PREGUNTAS PARA CONSIDERAR:

1. *¿Nuestros programas y socios se comprometen no sólo a atender a los huérfanos y niños vulnerables, sino también a prevenir la separación innecesaria del cuidado familiar mediante el fortalecimiento de la familia?*

2. *¿Consideran nuestros socios todas las opciones de cuidado familiar [familia biológica, cuidado por familiares, acogimiento familiar, adopción] antes de colocar a un niño en cuidado colectivo?*

3. *¿Cómo podríamos animar a nuestros socios a enfatizar en el cuidado familiar o a avanzar hacia él?*

Considere la calidad de cuidado que nos esforzamos por proporcionar en casa a nuestros hijos. Sin rodeos, necesitamos plantearnos por qué nos parece bien que los niños de los países en desarrollo reciban cuidados que a nosotros nunca nos parecería bien que recibieran nuestros hijos. No se trata de comodidades, sino de estructura familiar, permanencia, vinculación y apego, satisfacción de las necesidades emocionales, atención individualizada, asegurándonos de que no hacemos nada que comprometa el bienestar y la seguridad de los niños a los que queremos ayudar.

PRINCIPIO 3

El ministerio con niños huérfanos y vulnerables debe servir para fortalecer la relación del niño con su cuidador principal.

PRÁCTICAS ESENCIALES:

Reafirme que el cuidador es el héroe en la vida del niño y esté dispuesto a asumir un papel de apoyo.
Busque maneras de elevar y promover al cuidador del niño, ayudando a fortalecer aún más su vínculo.

Capacite a los cuidadores para que proporcionen apoyo emocional y material a los niños, en un esfuerzo por reforzar la relación a largo plazo.
Los niños vulnerables suelen tener necesidades especiales relacionadas con el apego. Nuestra prioridad es potenciar las relaciones que tienen con los cuidadores por encima de nuestro propio deseo de conexión.

Los cuidadores deben sentirse capacitados para establecer límites adecuados.
Deben sentirse libres para decir que no a las visitas; los voluntarios deben estar preparados para aceptar cualquier límite introducido por el cuidador, incluso sin previo aviso.

Limite el contacto individual del niño con los visitantes para preservar su capacidad de apego a los cuidadores.
Considere la posibilidad de establecer normas para la interacción, como nunca estar solo con un niño, sólo relacionarse con los niños en presencia de sus cuidadores principales y con su permiso, etc.

PREGUNTAS PARA CONSIDERAR:

1. ¿Cómo imagina que respondería si la situación fuera a la inversa—que en lugar de ser un voluntario, usted está en la posición de cuidar a niños vulnerables y que equipos bien intencionados de otros países viajen rutinariamente para jugar e interactuar con los niños por un corto período de tiempo? ¿Cómo cambia esto su perspectiva de la visita? ¿Qué preocupaciones podría tener? A la luz de estas preocupaciones, ¿qué prácticas de su actual estrategia de compromiso global podrían tener que cambiar?

2. Una forma de evitar la "puerta giratoria" de cuidadores en la vida de los niños vulnerables es centrarse en apoyar a los cuidadores locales—miembros de la iglesia y de la comunidad—para que puedan proporcionar mejor el amor y el afecto que los niños necesitan. ¿Cómo se sentiría su iglesia/ ministerio al participar en un viaje de corta duración si sus esfuerzos se centraran más en apoyar y equipar a los cuidadores y menos en interactuar directamente con los niños?

3. ¿Su actual socio global proporciona oportunidades para atender a los cuidadores primarios de los niños? Si no es así, ¿de qué manera puede usted animarlos a hacerlo? Si no son capaces, ¿está dispuesto a encontrar nuevos socios estratégicos que puedan ayudar a su iglesia a ser más eficaz en el fortalecimiento de la relación del niño con su cuidador principal?

> **Apego:** El vínculo emocional que se forma entre el bebé y su cuidador como resultado de la satisfacción constante de las necesidades del niño a lo largo del tiempo. En el caso de los huérfanos y los niños vulnerables, es posible que este proceso no se haya producido de forma ideal, por lo que debemos ser especialmente cuidadosos con nuestra forma de interactuar.

PRINCIPIO 4

Aprenda cómo afectan el apego y el trauma a los niños vulnerables y asegúrese de que este factor se tenga en cuenta al planificar su ministerio.

PRÁCTICAS ESENCIALES:

Tanto los niños como los visitantes necesitan conocer los parámetros de un comportamiento aceptable antes de que se produzca la interacción — qué pueden decir, cómo pueden tocar, cómo despedirse, etc.
En la medida de lo posible, capacite a los voluntarios en formas de interacción, comunicación y conexión cultural y relacionalmente apropiadas.

Las visitas sólo deben realizarse con niños de tres años o más. Los niños más pequeños no pueden entender por qué se irán los voluntarios.

Las rutinas y los momentos íntimos son sólo para cuidadores a largo plazo.
Todos los aspectos de la rutina personal del niño (horas de comer, dormir, etc.) deben ser facilitados por el cuidador principal.

Considere la frecuencia con la que los voluntarios vienen y van; la creación y ruptura repetida de vínculos de apego con sucesivos voluntarios es perjudicial.
Considere no sólo el impacto de los voluntarios de su ministerio, sino también el de cualquier otro voluntario que se involucre con los mismos niños.

Anime a los niños a buscar el afecto físico de sus cuidadores en lugar de los voluntarios.
Prepare a los voluntarios para que sepan cómo redirigir a los niños hacia sus cuidadores.

Proporcione formación sobre trauma y apego a todo el personal y los voluntarios antes de interactuar con niños vulnerables.
Ayúdeles a considerar los efectos a largo plazo de su interacción con los niños y las familias.

PREGUNTAS PARA CONSIDERAR:

1.   *¿De qué manera el aprender más sobre las necesidades de desarrollo de los niños — especialmente sus necesidades de conexión y apego saludables — cambia su comprensión de lo que significa cuidar verdaderamente a los niños huérfanos y vulnerables?*

2. *¿De qué manera la comprensión del trauma, el apego y las necesidades de desarrollo de los niños podría impactar algunas cosas que usted hace en los viajes misioneros de corto plazo? ¿Cómo afectará la manera en que usted capacita a los voluntarios con anticipación?*

3. *¿Qué podría añadir usted, su iglesia o su organización a su capacitación como resultado de las sugerencias anteriores? ¿Qué cambios podría efectuar para maximizar la eficacia de su capacitación en la preparación de sus participantes para aprender y servir interculturalmente? ¿Qué brechas tiene su capacitación actual?*

> **Considere las medidas que tomamos para proteger la privacidad de nuestros propios hijos en casa. Sin rodeos, tenemos que considerar por qué nos parece bien que se compartan fotos e historias de niños de países en desarrollo mientras que nunca nos parecería bien que un extraño tomara una foto de nuestro propio hijo y la compartiera.**

PRINCIPIO 5

Considere el impacto duradero que podría tener en la vida del niño el hecho de compartir fotos o historias.

PRÁCTICAS ESENCIALES:

Las imágenes o historias donde aparezcan huérfanos y niños vulnerables sólo deben compartirse con gran precaución.
Como mínimo, se requiere el permiso del niño y de su cuidador.

Todos los límites personales (es decir, no estar nunca a solas con un niño) se extienden a las redes sociales y a cualquier contacto después de un viaje.
No se debe intercambiar información de contacto con niños o jóvenes.

Publique o comparta únicamente lo que diría si el niño o su cuidador estuvieran presentes.
Comparta sólo aquellas imágenes e historias que muestren dignidad. Para fomentar unos límites saludables, considere la posibilidad de eliminar las distracciones al no permitir el uso de

teléfonos y/o cámaras durante parte del viaje (o durante todo el viaje). Se podría designar a una o dos personas para hacer fotos mientras el resto del equipo se enfoca en otras actividades.

PREGUNTAS PARA CONSIDERAR:

1. *A la luz de las sugerencias anteriores, ¿qué políticas podría implementar para todos los voluntarios que participen en cualquier actividad ministerial (local o global) que implique involucrarse con niños huérfanos y vulnerables?*

2. *Considere cómo esto saca a la luz los motivos bienintencionados pero egoístas de los voluntarios del ministerio. ¿Cómo puede ayudarles a identificar sus propios motivos y expectativas? Quizás pidiéndoles que respondan a preguntas como: " ¿Todavía querría ir a este viaje o participar en este ministerio si no pudiera tomar fotografías? ¿Si no pudiera interactuar directamente con los niños de la manera que quiere?".*

3. *¿Qué estructuras puede establecer en marcha en torno a su ministerio con los niños huérfanos y vulnerables para maximizar las oportunidades que tienen los voluntarios de servir y, al mismo tiempo, asegurar que las historias, las fotos y toda la experiencia estén bien documentadas? Algunos ejemplos podrían ser tener siempre un fotógrafo designado con usted, reclutar un "equipo de historias" a cargo de documentar eventos impactantes, interacciones y experiencias al final de cada día, etc.*

PARTICIPAR EN MISIONES DE CORTO PLAZO CON EFICACIA Y ÉTICA

Los viajes misioneros de corto plazo (MCP) se han convertido en uno de los métodos más populares para que la Iglesia occidental se involucre globalmente. Cada año, aproximadamente 2 millones de Cristianos realizan viajes misioneros internacionales de corta duración. Aunque los participantes en los viajes tienen sin duda buenas intenciones y la esperanza de [5]afectar la vida de los huérfanos y los niños vulnerables de manera impactante, las visitas a corto plazo tienen el potencial de causar más daño que bien a los

---

[5]Howell, B.M. (2012). Short-term mission: An Ethnography of Christian Travel Narrative and Experience. Downer's Grove, IL: IVP Academic.

niños si no se involucran con sabiduría y precaución. Cuando se consideran en el contexto de lo que significa cuidar bíblicamente de los que sufren[6], los pobres[7] y los oprimidos, los viajes misioneros de corto plazo deben realizarse con la mayor humildad, claridad y consideración.and implementar que los beneficios de las misiones de corto plazo puedan superar los posibles obstáculos y dificultades.

Con las estructuras adecuadas en marcha, las misiones a corto plazo pueden producir un bien duradero. Sin embargo, las buenas intenciones no son suficientes para llevarnos a esta labor ni para mantener sus efectos a largo plazo. Las Escrituras dicen que debemos buscar la sabiduría y el conocimiento por encima de las buenas intenciones. Sólo a través de un paradigma de consideración reflexiva, aprendizaje, planificación e implementación, los beneficios de las misiones a corto plazo pueden superar los posibles problemas y obstáculos.

Con el fin de avanzar hacia un uso saludable y eficaz de las MCP en la estrategia de compromiso global de su iglesia, algunas preguntas clave para considerar incluyen:

- ¿Qué espera que ganen sus participantes al participar en MCP?

- ¿Qué efectos a largo plazo desea para los participantes de su viaje y sus socios locales? ¿Qué pasos debe dar para alcanzar esos objetivos?

- Considere la variedad de motivos que pueden tener las personas para participar en un viaje misionero. ¿Cuáles son algunas de las motivaciones positivas? ¿Cuáles son las motivaciones negativas o mixtas?

En un esfuerzo por establecer un marco para misiones a corto plazo eficaces y con ética, 400 líderes de misiones globales desarrollaron las Normas de Excelencia en Misiones a Corto Plazo (visite www.soe. org). Estas normas incluyen:

- **Centrarse en Dios:** Una misión a corto plazo excelente busca ante todo la gloria de Dios y su reino.

- **Fortalecimiento de las asociaciones:** Una excelente misión a corto plazo establece relaciones sanas, interdependientes y continuas entre los socios que envían y los que reciben.

---

[6]2 Corinthians 1:3-5- "Praise be to the God and Father of our Lord Jesus Christ, the Father of compassion and the God of all comfort, who comforts us in all our troubles, so that we can comfort those in any trouble with the comfort we ourselves receive from God. For just as we share abundantly in the sufferings of Christ, so also our comfort abounds through Christ." (NIV)
[7]Proverbs 14:31- "Whoever oppresses the poor shows contempt for their Maker, but whoever is kind to the needy honors God." (NIV)

- **Diseño mutuo:** Una excelente misión a corto plazo planifica en colaboración cada alcance específico para el beneficio de todos los participantes.

- **Administración Integral:** Una excelente misión a corto plazo demuestra integridad a través de una organización confiable y mediante la administración a través de todos los participantes.

- **Liderazgo Calificado:** Una excelente misión a corto plazo selecciona, capacita y desarrolla un liderazgo capaz para todos los participantes.

- **Capacitación Adecuada:** Una excelente misión de corto plazo prepara y equipa a todos los participantes para el alcance que ambos han diseñado.

- **Seguimiento Exhaustivo:** Una excelente misión a corto plazo asegura una evaluación, una sesión para recapitular y procesar lo vivido (debriefing) y un seguimiento apropiado para todos los participantes.

El cumplimiento de estas y otras normas de funcionamiento contribuirá en gran medida a sentar las bases para el uso más eficaz de las misiones de corto plazo en la estrategia de compromiso global de su iglesia.

PRINCIPIO 1

Establezca expectativas adecuadas entre los voluntarios, los líderes de equipo y los anfitriones antes del viaje.

PRÁCTICAS ESENCIALES:

Ayude a los voluntarios a identificar sus motivaciones y expectativas antes del viaje, y a modificarlas para que se ajusten al marco de lo que es realmente saludable y útil.
Asegúrese de que todos sepan y estén de acuerdo con la razón por la que van y cuál es el compromiso antes, durante y después del viaje.

Tenga conversaciones previas al viaje con los participantes y los anfitriones sobre objetivos realistas para el viaje. Identifique lo que lo convertiría en una "victoria".
¿Cuáles son los resultados más ideales, pero alcanzables?

Comuníquese por escrito con los socios anfitriones antes del viaje.
Establezca el programa, las actividades y la logística que les serían más útiles.

PREGUNTAS PARA CONSIDERAR:

1. ¿Qué procesos tiene actualmente para examinar las motivaciones y expectativas de los posibles participantes en el viaje? ¿Qué medidas podría añadir para garantizar una visión y un compromiso compartidos del viaje entre todos los participantes?

2. ¿Los voluntarios y los socios anfitriones tienen claros los objetivos específicos del viaje? ¿Cómo están planificadas las actividades, los horarios y otros aspectos logísticos del viaje en torno a esos objetivos específicos? ¿Hay alguna cosa en la estructura actual del viaje que no contribuya directamente al logro de esos objetivos específicos? ¿Qué ajustes podría necesitar hacer?

3. ¿Cómo está planificando los viajes – según lo que funciona mejor para su equipo o según lo que funciona mejor para su socio anfitrión? ¿Qué medidas puede tomar para adaptar de manera más específica el programa, las actividades y la logística a las necesidades del socio anfitrión?

¿CUÁL ES SU MOTIVACIÓN?

Hacer preguntas incisivas puede ayudar a los participantes a explorar sus motivaciones y expectativas. Algunos ejemplos podrían incluir:

- ¿Por qué va a hacer este viaje?
- ¿Qué papel cree que va a desempeñar?
- ¿En qué actividades espera participar?
- ¿Qué espera obtener de este viaje?
- ¿Qué espera aportar a la comunidad anfitriona?

PRINCIPIO 2

Eduque a los voluntarios sobre la cultura, la pobreza, la caridad y el cuidado de los huérfanos y los niños vulnerables.

PRÁCTICAS ESENCIALES:

Incluya a los líderes locales en el desarrollo y la enseñanza de la capacitación.
Ellos son los expertos en la cultura y los sistemas locales, así como en los esfuerzos ministeriales a largo plazo.

La capacitación debe impartirse antes y durante el trabajo de campo, antes del contacto con los niños.

¿Qué tipo de reuniones de capacitación puede ofrecer a los participantes del viaje antes de la partida? ¿Son obligatorias estas reuniones para quienes deseen participar en un MCP? ¿Qué tipo de capacitación en el campo se ofrece una vez que el equipo está en el país? ¿Su organización asociada ofrece oportunidades para educar y animar a los participantes en el viaje antes de participar en las actividades del viaje?

Es importante comunicar que un viaje de corto plazo no está destinado a arreglar o a financiar nada, ni a satisfacer las necesidades emocionales de un visitante.

Es importante que los voluntarios comprendan que hay un costo por su presencia, no un beneficio absoluto.

El dinero en efectivo y los regalos deben considerarse con cautela para evitar crear una dependencia.

Todos los recursos -tiempo, dinero y artículos materiales- deben destinarse a promover el impacto del ministerio a largo plazo y deben acordarse con los líderes locales antes del viaje. Los regalos deben beneficiar a toda la familia o al ministerio, y no sólo a un niño.

PREGUNTAS PARA CONSIDERAR:

1. *¿Su capacitación previa al viaje para los voluntarios incluye ideas y principios de los líderes locales de las regiones en las que se servirá? Si no es así, ¿qué medidas puede tomar para incluir la sabiduría y la comprensión que tienen de su propia cultura, sistemas y comunidades?*

2. *Qué medidas de seguridad tiene establecidas para garantizar que los regalos se intercambien a través de los canales adecuados?*

3. *¿De qué manera el conocimiento de la pobreza y la caridad puede afectar algunas de las actividades que realiza en los viajes misioneros de corto plazo? ¿Cómo afectará la forma en que capacita a los voluntarios anticipadamente?*

PRINCIPIO 3

Priorice escuchar, aprender y construir relaciones sobre el cumplimiento de tareas.

PRÁCTICAS ESENCIALES:

Considere reformular el viaje como un viaje de aprendizaje-servicio, un viaje de investigación u otro término que comunique un enfoque en el aprendizaje antes de servir.
Enfatice el compromiso de apoyar el ministerio actual, en lugar de ejecutar nuevas ideas de los visitantes.

Los viajes misioneros de corto plazo se utilizan mejor en el contexto de una colaboración continua.
Asegúrese de que sus viajes misioneros de corto plazo están facilitando nuevas relaciones a largo plazo o están sirviendo como una oportunidad para continuar construyendo confianza y familiaridad con socios a largo plazo.

Reformule el propósito del viaje para los potenciales participantes.
Discuta el enfoque en el bienestar de los niños y las familias locales, tanto a corto como a largo plazo, en lugar de los objetivos o deseos del equipo.

PREGUNTAS PARA CONSIDERAR:

1. *¿Cómo se sentiría si su equipo no realizara ninguna tarea tangible, sino que dedicara su tiempo a escuchar y a aprender? Cómo se sentirían los posibles participantes de MCP de su iglesia?*

2. *¿Cómo usted puede capacitar a sus voluntarios para que utilicen lo que aprendan en el MCP para el ministerio posterior al viaje, como la creación de conciencia, la sensibilización, la educación, etc.? En la preparación de los participantes para el ministerio posterior al viaje, ¿qué papel desempeña priorizar el escuchar y aprender sobre el campo?*

3. *¿De qué manera su modelo actual de MCP refuerza las prioridades de escuchar y aprender? ¿De qué manera no lo hace, sino que está más orientado a las tareas? ¿Hay algún ajuste inmediato que pueda hacerse a su estructura actual para asegurar que sus viajes sean más de "aprender" que de "hacer"?*

¿Cómo se sentirían usted y los participantes en su viaje si su equipo no realizara ninguna tarea tangible?

Esta es una pregunta clave que llega al corazón de la motivación y las expectativas de un voluntario. ¿Van a un viaje para hacer lo que quieren o para hacer lo que más se necesita por el bien de la comunidad anfitriona? A veces esas cosas no son lo mismo.

Al considerar su estrategia de MCP, es importante mantener estos tipos de escenarios de "exposición de motivaciones" frente a sus potenciales participantes para asegurar que el enfoque de la iglesia esté siempre en los beneficios a largo plazo de la comunidad anfitriona en lugar de las metas o deseos de nuestro propio equipo.

PRINCIPIO 4

Diseñe los elementos del viaje en función de lo que sea mejor para el desarrollo a largo plazo de los niños, las familias y la comunidad, no de la experiencia a corto plazo de los visitantes.

PRÁCTICAS ESENCIALES:

Recuerde que servimos a personas, no a proyectos.
Asegúrese de que los niños y las familias nunca se conviertan en el medio para alcanzar los objetivos del viaje o proporcionar a los participantes una experiencia determinada.

Alinee los objetivos del viaje con el ministerio local en curso.
La forma más eficaz de atender temporalmente a un niño vulnerable es ayudar a la familia y a la comunidad que lo cuida a largo plazo.

En lugar de limitar la interacción a una sola familia o programa, considere actividades que beneficien a toda la comunidad.
Por ejemplo, campamentos, clínicas, enseñanzas de destrezas y conferencias son actividades que pueden apoyar a las familias y ayudar a los niños separados a integrarse en la comunidad.

Siempre que sea posible, utilice las habilidades únicas del equipo para otros fines ministeriales en lugar de involucrarse en tareas que podrían ser realizadas por trabajadores locales que valorarían el empleo.

Los visitantes no deben participar en actividades basadas en competencias (como la enseñanza o la atención médica) en las que no estén capacitados. Cualquier actividad sólo debe emprenderse como parte de un plan de ministerio a largo plazo.

PREGUNTAS PARA CONSIDERAR:

1. *¿Cómo su estrategia de MCP involucra actualmente a quienes ocupan puestos de poder y autoridad que pueden crear soluciones sostenibles? ¿De qué manera puede seguir centrándose en atender las necesidades básicas y, al mismo tiempo, animar y capacitar a los líderes que desempeñan esas funciones?*

2. *¿Alguna de sus actividades actuales de MCP está disponible para la comunidad más extensa en la que trabaja? Si no es así, ¿cómo puede ampliar lo que está haciendo actualmente más allá de una sola familia o establecimiento?*

3. *¿Está actualmente involucrado en tareas (como por ejemplo, construcción) que podrían ser completadas por trabajadores locales? Considere el impacto económico sobre esos trabajadores, sus familias y la comunidad. ¿Qué cambios, de ser el caso, necesita hacer a su actual planificación de MCP para asegurarse de que está siendo lo más útil posible?*

PRINCIPIO 5

Mida la eficacia del viaje en función del impacto a largo plazo tanto en los participantes como en los miembros de la comunidad anfitriona.

PRÁCTICAS ESENCIALES:

Priorice el impacto a largo plazo, no la experiencia a corto plazo.
La meta es capacitar a una comunidad para que prospere sin usted, no crear mecanismos dentro de una comunidad que dependa de usted.

A menudo, los resultados más impactantes de un viaje de MCP se producen después de que el participante regresa a casa.

Construya un puente en su estrategia de MCP que proporcione aplicaciones locales a sus interacciones globales.

La evaluación, tanto de los programas como de los voluntarios, tiene el potencial de ayudar a los individuos, los equipos y las organizaciones a aprender y desarrollarse a medida que tratan de mejorar el cuidado de los huérfanos y los niños vulnerables.

Aprender de la retroalimentación de cada viaje debe utilizarse para aclarar y mejorar cualquier viaje futuro.

PREGUNTAS PARA CONSIDERAR:

1. *¿De qué manera las actividades y las interacciones relacionales del viaje proporcionan recursos a los miembros de la comunidad? ¿Su participación los capacita a desenvolverse sin usted o los hace dependientes de usted? ¿Los voluntarios participan como parte de un plan ministerial cohesivo y a largo plazo con una visión que va más allá de un simple viaje?*

2. *Al involucrar a los voluntarios en las necesidades espirituales, físicas, educativas y emocionales de las comunidades a nivel global, ¿cómo pueden ellos participar en la satisfacción de algunas de esas mismas necesidades a nivel local dentro de su propio contexto? ¿Qué "puente" puede construir usted entre lo que hace "allá" como iglesia y lo que hace "aquí" como iglesia? Algunos ejemplos podrían ser la participación en programas de mentores, acogimiento familiar, problemas de personas sin hogar en su ciudad, etc.*

3. *¿Qué oportunidades de evaluación y "sesiones para recapitular y procesar" (debriefing) ha creado para medir la eficacia, aprender de las experiencias y mejorar los futuros compromisos de MCP?*

APÉNDICE

LA LUCHA POR LA JUSTICIA SOCIAL EMPIEZA EN EL INTERIOR

Hace poco más de una década, ningún emblema del floreciente activismo por la justicia de los jóvenes cristianos brillaba con más fuerza que Invisible Children (Niños Invisibles). Nació en el 2004, poco después de que Jason Russell y otros dos universitarios recién licenciados regresaran a Estados Unidos desde Uganda con el corazón ardiendo y un montón de material cinematográfico amateur.

El trío produjo un documental de bajo presupuesto que mostraba el dolor de la guerra civil de Uganda. En tres años, decenas de miles de activistas participaban en los "desplazamientos nocturnos" del grupo para crear conciencia sobre los niños soldados de Uganda. En el 2012, Invisible Children (Niños Invisibles) lanzó otro video, Kony 2012, que arremetía duramente contra el caudillo Joseph Kony y presionaba para que el gobierno redoblara sus esfuerzos para capturarlo. La revista Time lo declaró el video más viral de la historia, con 100 millones de visitas en la primera semana tras su publicación.

Pero el sorprendente ascenso duró poco. En Uganda, Kony se mostró tenaz. En los Estados Unidos, el estrés y la mirada pública hicieron que el cofundador Russell cayera en picada. Diez días después de la publicación del video, otro video se hizo viral—en este caso un video de la crisis mental pública de Russell en las calles de San Diego. En diciembre del 2014, BuzzFeed anunció " El Fin De Los Niños Invisibles". El pronunciamiento fue prematuro—la organización sigue activa hoy en día—pero muchos defensores se separaron.

Al recordar la batalla que él y millones de simpatizantes habían librado contra un único criminal de guerra Africano, Russell concluyó sin rodeos: "Siento que Kony ganó."

UNA HISTORIA DEMASIADO COMÚN

La historia de Russell es dramática, pero no está solo. La suya es simplemente la historia ampliada de innumerables defensores, activistas, trabajadores sociales y fundadores de organizaciones sin fines de lucro.

Los cristianos nunca se parecen más a Jesús que cuando sirven humildemente en medio del dolor del mundo – cuidando de los huérfanos, luchando contra el tráfico de personas, promoviendo la renovación urbana. Pero este bien será inevitablemente de corta duración si se basa únicamente en el celo por la justicia. Para sostener esta buena obra, nuestro compromiso con la justicia y la misericordia debe ir acompañado de un compromiso aún más firme con el cultivo de una vida interior vibrante cimentada en Cristo.

Durante décadas, John Ortberg, autor y pastor de Menlo Church (La Iglesia Menlo), ha consolado y aconsejado a otros líderes en situaciones de desilusión, agotamiento y cosas peores. En los últimos años, Ortberg se dio cuenta de que las historias tristes iban en aumento. Entonces, invitó a ejecutivos de ministerios de justicia Cristianos a reunirse en privado para indagar en las raíces del problema.

Muchas de sus organizaciones habían crecido espectacularmente, y el interés por sus causas nunca había sido mayor. Pero, al igual que Ortberg, los líderes también habían visto cómo este entusiasmo por la justicia podía ser precario. Era sincero, pero estaba sobrecargado, como un árbol cuyas ramas han crecido más rápido que sus raíces.

"Cada vez más encontramos a personas Cristianas que están involucradas en el ministerio... experimentando estrés y agotamiento y abrumadas por la fatiga de la compasión", dijo Ortberg. "Puedo tener la tentación de pensar que en realidad no tengo que prestar mucha atención a mi vida espiritual, ya que estoy trabajando para Dios todo el tiempo".

Cuando hablé con Russell, me ofreció un diagnóstico similar de su propia caída hace cinco años. "Creo que eso fue lo que me hundió", dijo. "Escuchar al ego más que al Espíritu".

Hoy, Russell ha vuelto a diseñar campañas de promoción de éxito para grandes organizaciones y siente que está en un lugar mejor. Pero también reconoce que aún le falta algo. "No me he marcado objetivos internos y tangibles sobre cómo navegar para alcanzar la paz y la tranquilidad espiritual interior, pero suena bien", afirma. "Suena como algo genial. Ojalá tuviera mejores consejos o herramientas".

HOMBROS CAÍDOS

A lo largo de muchos años de trabajo tanto en el gobierno como en el ministerio, he observado una línea común entre las personas con mentalidad justiciera, entre las que me incluyo. Primero viene el despertar: empezamos a sufrir por el mal que vemos y anhelamos corregirlo. El despertar se traduce en trabajo, una noble empresa con un alentador progreso inicial. Pero al final la decepción nos golpea, y nos cansamos cuando el mundo roto se muestra mucho más obstinado de lo que habíamos imaginado. Finalmente, un día podemos descubrir que nuestro idealismo se ha marchitado hasta convertirse en una cáscara sin vida.

Unos años después de la universidad, trabajé con unos amigos para crear una organización sin fines de lucro que ayudara a revitalizar los barrios del centro de Los Ángeles. Pensábamos que sería un cambio radical. Todo el mundo parecía ansioso por unirse a nosotros, desde pastores a políticos y empresarios, que se unían bajo lemas como "asociación sostenible" y "renovación urbana".

Sin embargo, al cabo de dos años, todos esos grandes compromisos, charlas y actos comunitarios parecían no ser más que un montón de actividades. Más bien al contrario, el dolor y la necesidad que veíamos empeoraban.

Un día estaba ayudando en un evento que se anunciaba como "empoderamiento de la comunidad", en una pequeña iglesia construida con simple bloques de cemento. Pero aparte de una pequeña mesa de empresarios que ofrecían solicitudes de empleo, me di cuenta de que nuestras cajas de comida que estábamos repartiendo y el castillo inflable no servían para nada. Luego llegó el pastor de la iglesia en un Cadillac Escalade nuevo. Algo en mí empezó a desinflarse.

Seguí trabajando durante varios años, pero mi pasión disminuyó. Las necesidades que encontraba me consternaban con facilidad—me frustraban no sólo las injusticias, sino a veces las propias personas a las que intentaba ayudar. Y a menudo me preguntaba: ¿Hemos hecho algo bueno?

Hoy trabajo con personas increíbles que atienden a huérfanos y a familias con dificultades en todo el mundo. Hacen un trabajo digno, y lo hacen bien. Pero casi todos ellos conocen esta historia. La escucho casi semanalmente en la voz de alguien.

Pienso en la pareja Africana que invirtió todo lo que tenía en fundar un hogar para niños, sólo para descubrir que los padres de la casa abusaban de los niños a su cuidado. Pienso en un líder que restaura a niños de orfanatos con sus familias en América Central, compartiendo con angustia que una niña que había regresado recientemente a casa había sido violada por su tío.

Esta historia puede desarrollarse en un único momento de fracaso total o en el lento deterioro de la esperanza—los hombros caídos del director de una organización sin fines de lucro, el profesor de una escuela pública que antes cantaba y ahora habla en tono monótono.

¿Qué nos sostiene cuando deja de llover? He aquí una verdad simple y antigua: si no tenemos una fuente bajo la superficie, acabaremos por secarnos. La obra de la justicia y la misericordia no puede sostenerse sin una vida interior vibrante.

LA JUSTICIA CRECE HACIA LO PROFUNDO

En varios momentos de la historia, los cristianos han clasificado las ideas de justicia y vida interior en categorías opuestas: acción versus contemplación. En su volumen Spirituality for the Sent (Espiritualidad para los Enviados), los editores Nathan Finn y Keith Whitfield argumentan que las tendencias recientes en la vida misionera y la formación espiritual son alentadoras, aunque a menudo desconectadas. "Si ocurriera una intersección más intencional", escriben los profesores del Southeastern Baptist Theological Seminary (Seminario Teológico Bautista del Sureste), "sólo fortalecería ambos movimientos".

Parafraseando el Libro de Santiago, una vida interior que no produce obras exteriores ya está muerta. Pero con la misma certeza, las obras de justicia y misericordia que no estén arraigadas en lo más profundo de la vida interior también perecerán.

Cualquier otra fuente de sustento—ya sea el idealismo del corazón puro, el deseo de reconocimiento o el dolor sincero por el sufrimiento ajeno—puede impulsarnos durante un tiempo. Eventualmente, sin embargo, el gran dolor del mundo superará nuestra pasión por afrontarlo.

"El que permanece en mí...este lleva mucho fruto." (Juan 15:5) Esta permanencia pasa desapercibida, como un roble que profundiza sus raíces en la tierra dura; es tan misteriosa como la forma en que el xilema de un árbol transporta el agua de las raíces a las hojas. Permanecer es completamente un don y una maravilla, es una gracia inmerecida.

Sin embargo, de alguna manera, también la elegimos. Debemos participar en el cultivo de esa vida profunda, igual que los buenos agricultores cuidan sus cosechas aun sabiendo que sólo algo mucho más allá de ellos puede realmente hacer crecer las plantas.

A lo largo de la historia, los santos han encontrado pequeñas y humildes opciones que riegan el alma. Los sencillos hábitos de devoción de Francisco de Asís, que incluían largos periodos de soledad en las montañas de Asís, fueron fundamentales para el vasto movimiento franciscano de sencillez y servicio. William Wilberforce consideraba que su hábito de descanso Sabático y su hora diaria en la Escritura y oración eran esenciales para su trabajo de abolir el comercio de esclavos. La Madre Teresa se reunía cada mañana con sus Hermanas de la Caridad para adorar y orar antes de salir a atender a los moribundos.

Jesús mismo también dependía de estas prácticas, desde sus 40 días de soledad en el desierto hasta cuando "se retiraba a menudo a lugares solitarios y oraba" (Lucas 5:16). Si Jesús necesitaba estas cosas, ¿cuánto más nosotros?

Varios de estos hábitos han sido especialmente vivificantes para mí. Me habría quedado seco hace mucho tiempo sin un día Sabático cada semana para descansar, adorar en congregación y jugar. Refresca el cuerpo y el alma y me ayuda a liberarme de la ridícula suposición de que "todo depende de mi trabajo". Mi esposa y yo también nos regalamos 24 horas de soledad dos veces al año. Este tiempo a solas, atendiendo a la voz suave y tranquila de Dios, calma el alboroto interior y sintoniza mis oídos con los susurros de la eternidad. También he descubierto que memorizar las Escrituras hace que la Palabra de Dios cale hondo, donde me nutre día y noche con una verdad mayor que todo el dolor del mundo.

Las prácticas comunitarias también son inmensamente valiosas. El grupo cristiano de defensa de los derechos humanos Misión de Justicia Internacional (International Justice Mission - IJM), establece un poderoso ejemplo, incorporando hábitos de desarrollo espiritual en los ritmos diarios de sus oficinas en Washington, DC y en todo el mundo. Todos los empleados dedican los primeros 30 minutos de la jornada laboral al silencio—para la oración, la meditación y la reflexión espiritual. IJM también reúne a sus empleados durante 30 minutos diarios de oración corporativa, además de organizar retiros espirituales trimestrales fuera del lugar de trabajo y ofrecer a los empleados un día al año de retiro espiritual privado.

Este compromiso puede parecer extravagante, especialmente en el sector no lucrativo. Pero Gary Haugen, Director General de IJM, cree que "esforzarse sin oración " sólo conduce al agotamiento. "He aprendido lo crucial que es posar mi alma en la presencia de Jesús cada mañana", afirma Haugen, que lleva dos décadas trabajando en la lucha contra la trata de personas y otras formas de violencia contra los pobres. "Aunque sea tentador apresurarnos en nuestro trabajo, intencionadamente nos aquietamos y conectamos con nuestro hacedor: el Dios que se deleita en restaurar y alentar a sus hijos".

LO QUE MÁS NECESITAN AQUELLOS A QUIENES SERVIMOS

Ésta es la encrucijada en la que nos encontramos. ¿Simplemente seguiremos esforzándonos, esperando que la pasión y el trabajo duro lleven a cabo nuestra labor durante toda la vida? ¿O pondremos un compromiso por encima incluso de la noble vocación de la justicia: una vida interior arraigada profundamente en Cristo?

Eso es tan costoso, y sencillo, como las pequeñas decisiones diarias—decisiones que se convierten en hábitos con el tiempo. Sin importar cualquier otra cosa que haga hoy, pasaré tiempo con mi Padre. Cualquier otra cosa que priorice esta semana, recibiré el regalo del día Sabático. Cualquier otra cosa que ponga en mi calendario, reservaré un día para estar solo con Dios.

No debemos subestimar lo que está en juego. Peor que renunciar es persistir en dar sin amor. Podemos seguir sirviendo, pero con ojos sin pasión y tacto frío.

Prácticamente todos los jóvenes en acogimiento, los huérfanos, los adictos en recuperación y los prisioneros reinsertados que conozco expresan alguna versión de la misma verdad: nuestra mayor necesidad como seres humanos no es simplemente ser atendidos; es ser amados y saber que somos amados.

Esto sólo le ocurre a la niña en una familia de acogimiento si ve que nuestros ojos se iluminan cuando entra en la habitación; a la madre adolescente sólo si puede sentir que estamos presentes de todo corazón cuando comparte su historia; al delincuente juvenil sólo cuando oye ternura y respeto en la forma en que pronunciamos su nombre.

Ese tipo de amor no es algo con lo que podamos simplemente vestirnos. No se puede fingir durante mucho tiempo. Sólo surge como fruto de una vida interior vibrante, con raíces hundidas profundamente en el amor de Dios y bebiendo diariamente de él. Y es la única manera segura de perseverar en medio del dolor y la decepción que vendrán, nuestra única esperanza de mantener corazones ligeros mientras llevamos cargas pesadas.

Jedd Medefind
Presidente, Alianza Cristiana para los Huérfanos
(Christian Alliance for Orphans)

**CHRISTIAN
ALLIANCE
FOR ORPHANS**

SOBRE LA ALIANZA CRISTIANA PARA LOS HUÉRFANOS

La Alianza Cristiana para los Huérfanos (Christian Alliance for Orphans, CAFO) une una red global de organizaciones respetadas y una red nacional de iglesias. Nuestras iniciativas conjuntas inspiran y equipan a los Cristianos para vivir efectivamente el llamado de la Biblia a cuidar de los huérfanos y niños vulnerables.

Ser miembro de CAFO es una oportunidad para unirse a una visión para la gloria de Dios y el cuidado de los huérfanos que es más grande que cualquier organización o proyecto. Juntos, buscamos inspirar, interconectar y equipar al pueblo de Dios para reflejar Su corazón por los huérfanos. Para un mundo que nos observa, la Alianza es una figura sumamente inusual de la Iglesia unida, que sirve a los huérfanos tanto de palabra como de obra, dando un testimonio conmovedor del carácter de nuestro Dios.

Pure Religion
PROJECT
liderado por la comunidad de **CAFO**

PURE RELIGION PROJECT

A través de Pure Religion Project, CAFO ayuda a las iglesias a establecer ministerios eficaces y sostenibles con conocimientos esenciales, modelos de mejores prácticas, recursos prácticos, entrenamiento estratégico y oportunidades para establecer contactos.

Viste **cafo.org/es/purereligion/** para acceder a:
* Entrenamiento ministerial personalizado
* Webinars gratuitos sobre el ministerio de la iglesia y presentaciones de diapositivas
* Boletines periódicos llenos de oportunidades para establecer contactos y equiparse
* Información sobre la membresía de la Red Nacional de Iglesias de CAFO
* Cursos en línea: Fundamentos del Ministerio de la Iglesia: Cómo Crear una Cultura en la que Todos Podemos Hacer Algo en Nuestra Iglesia

ORGANIZAR UN TALLER

Si desea utilizar el contenido de este libro en una experiencia de taller en vivo para su equipo de liderazgo o una red de iglesias en la que participe, póngase en contacto con nosotros en info@cafo.org para iniciar el diálogo. Viajamos con frecuencia para pasar tiempo con varios grupos y líderes y somos capaces de organizar sesiones de diferentes estilos, desde unas pocas horas hasta un día entero, dependiendo de lo que mejor se adapte a sus necesidades.

HASTA QUE HAYA MÁS QUE SUFICIENTE

Las palabras "no hay suficiente" se oyen todos los días dentro
del sistema de acogimiento de nuestro país...

No hay suficientes recursos
No hay suficiente apoyo
No hay suficientes familias

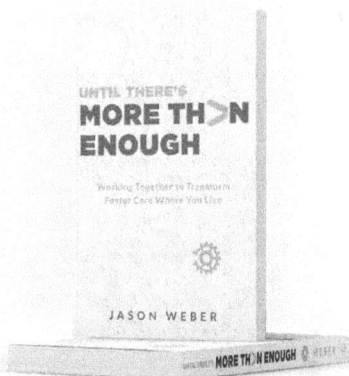

Pero no tiene por qué ser así donde usted vive.

Si usted trabajara con las personas adecuadas, en las cosas adecuadas,
de la manera adecuada, su condado podría pasar
de "no hay suficiente" a "hay más que suficiente".

Hasta Que Haya Más Que Suficiente representa un conjunto
de principios y prácticas que ayudarán a los defensores,
iglesias y organizaciones de su comunidad a trabajar juntos para
transformar el acogimiento familiar donde usted vive.

Crea que es posible. Haga su parte. Hagámoslo juntos.
Hasta que haya más que suficiente.

mtebook.com

CURSO EN LÍNEA DE LOS FUNDAMENTOS DEL MINISTERIO DE LA IGLESIA

Cómo Crear una Cultura de Todos Podemos Hacer Algo en Su Ministerio de Acogimiento Familiar y Adopción

Un curso en línea de 10 módulos sobre cómo Reunir Estratégicamente a Su Iglesia en torno al Cuidado de los Huérfanos y los Vulnerables

———————

Ya sea que esté iniciando un nuevo ministerio o dirigiendo uno existente, este curso le proporcionará un marco para descubrir, implementar y sostener sus próximos pasos mejor, sin importar dónde se encuentre en su viaje ministerial de acogimiento familiar, adopción, apoyo familiar y cuidado global de huérfanos.

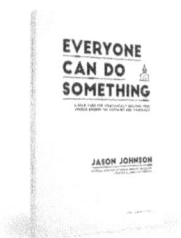

EVERYONE CAN DO SOMETHING

JASON JOHNSON

APLICACIÓN PRÁCTICA Y PRINCIPIOS PROBADOS EXTRAÍDOS DE "TODOS PODEMOS HACER ALGO"

No tiene que preguntarse si su ministerio se está enfocando en las cosas correctas.

Puede saberlo con confianza.

Este curso le dará la claridad y la confianza que necesita para establecer en oración la trayectoria de su ministerio en los años venideros. Usted saldrá con ideas frescas, nuevas perspectivas y un renovado sentido de esperanza en este viaje de movilizar a su iglesia para cuidar a los niños y las familias.

cafo.org/church/essentials

NOTAS

NOTAS

www.ingramcontent.com/pod-product-compliance
Lightning Source LLC
LaVergne TN
LVHW051413080426
835508LV00022B/3064